アウトドア六法

正しく自然を楽しみ、守るための法律

中島慶二・溝手康史・益子知樹・ベリーベスト法律事務所・上野園美=監修
山と溪谷社=編

山と溪谷社

目 次

アウトドアアクティビティを楽しむために、法律もマナーも自然も守る。

　よく晴れた休日。野外に出て自然の中に身を置き、体を動かすことはとても楽しく魅力的です。日常から開放されて、何でも自由にできるような気分にさせてくれます。

　しかし、何でも自由にしてよいかというと、そうではありません。日本には数多くの法令があり、アウトドアを楽しむために関わってくる法令だけでもかなりの数があります。これらの法令にはそれぞれ目的があり、自然や生き物を守るためのもの、住民の快適な生活を守るためのもの、事故を起こさないためのルールを定めたものなど、さまざまです。そして、目的が異なるので管轄も異なります。法務省、環境省、文部科学省、水産庁、海上保安庁……さらに都道府県や市町村の条例も加わります。法令ごとに管轄が異なる上に、役所の縦割りもあり、自分が遊ぶときに関係してくる法令の情報を一元的に手に入れるのはとても難しいのが現状です。

　さらに、法令によって規制内容もさまざまで、「全国どこでも同じ規制」もあれば、「地域限定の規制」もあります。「特定の行為のみ規制」や「特定の生物種のみ規制」というケースもあります。

　本書では、少しでも分かりやすく法令を解説するために、場所別に「山」「川・湖沼」「海」「都市近郊・公園」と章を4つに分けました。それぞれの章では、さらに「登山」「釣り」「キャンプ」「ボート」などアクティビティごとに関係する法令を解説・紹介しています。加えて、どうしても発生してしまう事故に関する法律を別の章として設けました。

　すべての法律を細かく覚えると言うのは、法律の担当者でも難しいことですが、どのような法律があるのか知っておくことで、何も知らないまま違法行為を行ってしまった、ということは減らせるでしょう。

　それぞれのページで紹介している法令の規制は、ある日突然できるわけではありません。興奮のあまり大声を出す、ゴミを残していく、違法駐車をするなど地元の人や仕事をしている人に迷惑をかける、希少な植物をたくさん採集して自然環境に負荷をかけるといった、他人や自然環境への悪影響が続くことが

新たな法規制につながってしまうのです。

　特に注意したいのはアクティビティが新しい場合や急に流行した場合です。こうしたケースでは、しばしば「法規制がほとんどない」ということがあります。しかし、これは「何をしても自由！」というわけではなく、これまでは人々や自然への悪影響がなかったか、とても少なかったために黙認をされてきた、と考えるべきでしょう。このような場合、「自分くらい大丈夫！」という考えに注意しなくてはいけません。1人が与える影響は少ないとしても、他の人も同じ考えをしていたり、繰り返し行ったりするとかなりの悪影響が出ることもあり、こうなると法規制につながります。

　こういったことから、法令を知り、規制を守り、マナーを守ることが今後も長くアクティビティを楽しむためには重要です。

　本書籍では、アクティビティに関連する数多くの法律を分かりやすく解説するため、長く環境省で国立公園や野生動物の行政に関わっていた江戸川大学教授の中島慶二さん、茨城県で長年水産行政を担当されていた益子知樹さん、自ら登山を行い山岳の法律に明るい弁護士の溝手康史さん、自らもダイバーでダイビング関連の法律に詳しい弁護士の上野園美さん、専門性の高い分野を含めたほぼ全ての分野を取扱うベリーベスト法律事務所さんに監修をお願いしました。

編集部

正しい情報の探し方

　法律の内容は、実情に応じて新たな法令が追加されたり、規制内容や罰則が変化したりと日々変化をします。このため、本書籍では基本的な部分は紹介していますが、最新の情報は皆さんにインターネットを通じて検索をしてもらうという方法をとっています。

　各ページに掲載されている ◯◯◯◯(キーワード) Q 検索 という形の検索キーワードで検索を行って最新の情報を確認してみましょう。

　掲載しているキーワードは、その法律を検索しやすくするための言葉を入れていますが、使用する検索エンジンの違いやパーソナライズド検索による個人差などによって、検索結果が異なることも少なくありません。このため、正しい情報にたどり着くためのコツをまとめました。

●公式の情報を手に入れよう

　最近は法律を分かりやすく SNS やブログ、動画などにまとめている人もいます。正確にまとまっている場合もありますが、情報が古かったり、一部の情報が抜けていたり、間違った情報が出ていることもあります。このため、最新の情報はその法律を管轄している各省庁や自治体のページを確認するようにしましょう。

●投稿時期を確認しよう

　各省庁や自治体の情報だとしても、検索結果に古いプレスリリースなどのページが出てくる場合があります。投稿時期が古い場合、最新の情報が抜け落ちている場合もあります。記事が最新のものか、投稿時期を確認しましょう。

●ウェブサイト問い合わせや電話なども使ってみよう

　インターネットですべての情報にたどり着けるわけではありません。法律の一部は確認できなかったり、非常にたどり着きにくい場合もあります。法律による規制範囲はインターネットで大まかに確認できても、細かい部分までは確認できないこともあります。こういった場合は、ウェブサイトの問い合わせや電話などを使って確認してみましょう。

第1章

アウトドア
アクティビティに
かかわる法律や
条例

知っておくべき7つの法律や条例

知っておくべき7つの法律や条例

文化財保護法、文化財保護条例

天然記念物の岩を傷つけたり、動植物を触ると違法!?

所管：文部科学省、各自治体教育委員会

【概略】今日まで守り伝えられてきた建造物や自然景観などを文化財として定め、後世に受け継いでいくために制定された法律。制度のはじまりは1897年の「古社寺保存法」や1919年の「史蹟名勝天然紀念物保存法」だが、その後につくられた「国宝保存法」などを統合した文化財の保護全般にわたる法律として、1950年に誕生した。1949年に、現存する世界最古の木造建造物である法隆寺の金堂が火災に遭い、壁画が焼損したことによる文化財保護への機運の高まりがきっかけとなっている。

　文化財保護法では、文化財として「有形文化財」、「無形文化財」、「民俗文化財」、「記念物」、「文化的景観」、「伝統的建造物群」の6分野が定義されている。そのうち、重要な物は国によって「国宝」、「重要文化財」、「重要無形文化財」、「重要有形民俗文化財」、「重要無形民俗文化財」、「史跡」、「名勝」、「天然記念物」などに指定。アウトドアアクティビティに関連が深いのは、次の2つの文化財である。

●名勝＝芸術上または観賞上価値の高い庭園、橋梁、峡谷、海浜、山岳その他の名勝地。

●天然記念物＝学術上価値の高い動物（生息地、繁殖地および渡来地を含む）、植物（自生地を含む）および地質鉱物（特異な自然の現象の生じている土地を含む）など。

　天然記念物などの文化財は、国が指定する「国指定の文化財」のほかに、都道府県や市町村が文化財保護条例に基づき「都道府県や市町村指定の文化財」を独自に指定することも可能だ。その場合は、それぞれの自治体のエリア内にだけ規制がかかる。

【規制】史跡や名勝、天然記念物の現状を変更したり、保存に影響を及ぼす行為が禁止されている。そのため、天然記念物に指定されている岩

場で、クライミングのためにピトンを打ち込むことは法律違反に該当する。ほかにも天然記念物に指定されている動植物の生体に触れたりすることも保存に影響を及ぼす行為とみなされる可能性が高い。

高山で見かけるライチョウは、地域を定めず種として指定された特別天然記念物だ

【罰則】国の天然記念物である動植物を許可なく採集する、天然記念物の岩場を傷つけるなど、現状の変更または保存に影響をおよぼす行為をすると、5年以下の懲役もしくは禁錮又は100万円以下の罰金が科せられる場合がある。

【調べ方】おもな文化財については、約64万件の位置情報や概要を地図上で確認できるウェブサイト「文化財総覧WebGIS（地理情報システム）」で調べることができる。このウェブサイトは、調べたい場所の近くにどんな文化財があるのか電子地図から検索できるので便利だ。ほかにも国が指定・登録・選定した文化財の情報については、文化庁のウェブサイト「国指定文化財等データベース」でも調べられる。地方の文化財は各自治体のウェブサイトで紹介されているのでチェックしてみよう。

【実情】天然記念物に指定されている動植物は、生息域が限られている上に個体数が少ないので、触れる機会は少ない。それに対して岩場でのクライミングは、天然記念物だと知らずに登ってしまい、後から問題となるケースが多いので注意したい。また、観光地として多くの人が訪れる尾瀬や上高地は、天然保護区域に指定されている。この2か所を含め、天然保護区域は全国で23か所あり、これらの区域はエリア全体が天然記念物なので、現状を変更し自然物を傷つける行為は禁止されている。

自然公園法

地域区分によって規制が変わり、特別保護地区がもっとも厳しい

所管：環境省（一部の都道府県に管理業務が委任されている場合がある）

【概略】自然公園法は、日本の優れた自然の風景地を保護しつつ利用の促進を図るとともに、生物の多様性を確保することを目的としている。この法律では、自然公園を規模や景観の優れている程度によって国立公園、国定公園、都道府県立自然公園の3つに区分。さらに自然公園内を保護の重要さに応じて特別保護地区、（第1種～第3種）特別地域、海域公園地区、普通地域に分けて景観や環境を保護している。

自然公園法地域区分

保護のための規制計画	陸域	特別地域	特別保護地区
			第1種特別地域
			第2種特別地域
			第3種特別地域
	海域	普通地域	
		海域公園地区	

国立公園・国定公園とも同じ

【規制】特別保護地区では、動植物の採集、テント泊（緊急避難を除く）、焚き火、クライミング、自転車の乗り入れなどが禁止されている。採集禁止対象には石や落ち葉なども含まれているので気をつけたい。特別地域は規制の対象が複雑で、たとえばテント泊は、特別地域すべてで許可が必要な行為とされているが、第1種特別地域では申請しても原則として許可されない（別途土地所有者の許可も必要）。また、指定動植物の捕獲採集も禁止だが、その種は公園ごとに指定されている。

【罰則】許可なく前述の行為を行うと、6か月以下の懲役又は50万円以下の罰金に処せられる。

【調べ方】特別保護地区など自然公園の地域区分については、「国立公園

名　区域図」で検索すると調べることが可能。環境省生物多様性センターの「自然環境調査 Web-GIS」というウェブサイトでも地域区分をわかりやすく確認できるマップを公開している。特別地域で採集や捕獲が禁止されている指定動植物については、環境省のウェブサイト「国立・国定公園の計画と管理」内の「動物・植物の保護対策ページ」に掲載されている。その他、アクティビティにかかわる規制については、国立公園なら環境省の国立公園管理事務所や自然保護官事務所、国定公園・都道府県立自然公園ならば各都道府県に、電話やメールで問い合わせをするとよい。

【実情】法律に基づく立入禁止区域はまだ指定されたことはないが、湿原や高山植物帯などでは、テント泊や登山道以外への立ち入りが実態として禁止されている。ただし、雪山登山や沢登りなど登山道を外れるアクティビティであっても、自然環境への影響が少ないものは黙認されている。同様に中部山岳国立公園の特別保護地区内にある穂高岳でも、岩にピトンを打ち込むクライミングが行われている。これらは、風景が変わってしまうほど環境に大きなダメージを与えていないので、グレーゾーンとして黙認されているといえる。しかし、もしもゴミや排泄物を放置するなどで自然破壊につながるようだと、規制される可能性もある。そのようなことにならいようにマナーは守るようにしよう。

自然公園法で規制されている行為

主な行為の例	特別保護地区	特別地域	普通地域
工作物の新築・増築	許可制	許可制	届出制(一定規模以上)
木竹の伐採	許可制	許可制	―
土石の採取	許可制	許可制	届出制
河川等の水位水量を増減させる行為	許可制	許可制	特別地域内河川等に影響を及ぼす場合は届出制
広告物の掲出	許可制	許可制	届出制
水面の埋立	許可制	許可制	届出制
土地の形状変更	許可制	許可制	届出制
植物の採取・損傷	許可制	指定種のみ許可制	―
動物の捕獲・殺傷	許可制	指定種のみ許可制	―
植物の植栽・播種	許可制	―	―
動物の放出	許可制	―	―
車馬等の乗り入れ	許可制	指定地域のみ許可制	―

民法

日常生活だけでなく、アウトドアにも密接に関わってくる

所管：法務省

【概略】民法とは、六法のひとつで契約や相続など身近な生活における
トラブルを解決するための法律のこと。そのなかでもアウトドアアク
ティビティに関連するのは、事故で他人を死傷させてしまったときの損害
賠償についてである。ほかにも焚き火による火の粉で他人のテントを燃
やしてしまった場合や、他人の土地に生えていたキノコや山菜を勝手に
採集した場合なども損害賠償を請求されることがある。

【損害賠償の実例】損害賠償の責任が発生するのは、事故が起きる可能
性が予見できたにもかかわらず、対策を怠ったときだ。2006年10月に白
馬岳で起きたガイド登山事故では、ガイド2人と参加者5人が祖母谷温泉
から白馬岳・栂海新道を経て親不知をめざしたが、途中で悪天候のため
参加者4人が低体温症で死亡した。裁判所では、ガイドが事前に情報収
集をしていたら天候悪化が予見でき、登山を中止するなどの適切な処置
ができたとして、損害賠償の請求を認めた。

【罰則】民法には罰則がないので、違反しても刑務所に収監されたり罰
金を支払う必要はない。しかし、被害者に損害を与えた場合は、損害賠
償を請求される場合がある。

　ガイド登山やツアー登山など、金銭を支払うことで山に連れていって
もらう形態のアクティビティの場合は、安全を確保する契約を結んだと
みなされ、事故が発生すると主催者が損害賠償責任を問われることが多
い。しかし、友人同士でアウトドアアクティビティを行う場合、もし事
故が発生しても通常は法的責任は発生しない。フィールドでの活動は、
ある程度の危険があることは予測でき、それを認識した上で出かけてい
るとみなされるからだ。たとえば仲間同士で登山に出かけて、そのうち
のひとりが転落事故を起こしたとしても、仲間に注意義務違反があった
として、損害賠償責任を問うことはできない。自分の安全は自分で守る

友人同士で出かけても、自分の身は自分で守ることが原則だ

ことが原則なのである。ただし、熟練者がクライミングの経験のまった
くない者をクライミングに連れて行き、熟練者の確保ミスで事故が起き
た場合や、教師が学校登山で子どもたちを引率する場合などは、リーダ
ーに安全確保義務が生じやすい。

【調べ方】最高裁判所のウェブサイトにある「裁判例情報」では、最高
裁判例集、高裁判例集、下級裁判例集などが検索できる。有料の判例デ
ータベースほどの収録数はないが、無料で検索できるウェブサイトのな
かでは、もっとも使い勝手がよい。そのほか「損害賠償　山岳遭難」や
「損害賠償　釣り」のように検索サイトでキーワードを入れると、過去の
事例を調べることができる。

【実情】ツアー登山やガイド登山で事故が起きると、民事責任が生じる
ことが多い。そのため主催者は損害賠償責任保険に加入していることが
多く、保険から賠償金が払われるため、民事裁判にまで発展することは
少ない。

13

刑法
犯罪とそれに対する刑罰がセットで規定されている

所管：法務省

【概略】刑法とは、他人の生命や財産などを故意や過失によって侵害し、被害者、社会、国家などに対し有害な行為を犯罪として定めたもの。さらに犯罪を犯した者をどのように処罰するかを規定している。アウトドアアクティビティで刑事責任が問題になるのは、業務上過失致死傷罪が多い。そのほかにも天然記念物を傷つけた場合は文化財保護法違反に、国立公園内の規制に反したら自然公園法違反に、密漁をすると漁業法・水産資源保護法違反などの刑事責任を問われる。

【規制】刑法は故意に基づく行為を処罰することを原則としている。しかし、生命や身体に害を及ぼす行為については、過失があった場合も例外として処罰の対象としている。そのひとつが業務上過失致死傷罪である。業務上過失致死傷罪とは、社会生活上、一定の立場にある者が、危険が予測できるにもかかわらず必要な注意をせずに、人を死なせたり傷つけたりすることだ。この場合の業務とは、仕事かどうか、収入を得るかかどうかに関係なく、継続的に行われる危険性を伴う行為のことを指している。具体的には、山岳ガイドやスクーバダイビングのインストラクターをはじめ、子ども会やボランティア団体の活動も含まれている。

【罰則】業務上過失致死傷罪は、5年以下の懲役か禁錮又は100万円以下の罰金に処せられる。

【調べ方】民法と同じく過去の判例を調べるには最高裁判所のウェブサイトにある「裁判例情報」を参照するとよい。そのほか「業務上過失致死傷罪　スキューバダイビング」のように検索サイトでキーワードを入れると、アクティビティに詳しい弁護士事務所のウェブサイトなどから事故事例を調べられる。

【実情】アウトドアで過失による事故が起きると、民事と刑事の両方で法的責任が発生する。ただし、民事裁判では損害賠償が命じられても刑事裁判では無罪となることがある。これは、刑事と民事では、事実を認定するためのハードルの高さが違うからだ。刑事裁判では、「推定無罪」

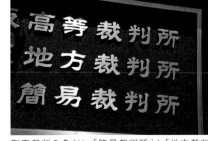

刑事裁判の多くは、「簡易裁判所」か「地方裁判所」から

の原則のもとで、確実な証拠がない限り有罪にすることはできない。したがって、有罪であることに疑わしい点があれば検察が起訴を見送ることが多い。それに対し民事裁判では、証拠の優劣や公平の観点に基づいて、緩やかな事実認定や大胆な判断が可能である。

　2000年に北アルプス大日岳で巨大雪庇が崩壊し、登山研修所主催の大学山岳部リーダー研修会に参加中の11人が転落し大学生2名が死亡した。この事故では、遺族が国を相手取って民事訴訟を起こし、富山県警が2人の講師を業務上過失致死罪で書類送検した。民事裁判の一審では原告の請求を一部認めたが、被告の国が控訴。その後、控訴審で和解が成立した。刑事に関しては、富山地検は嫌疑不十分で不起訴という処分を下した。このように民事では責任を認めて損害賠償を支払うが、刑事事件としては不起訴というケースも多い。

　2000年10月には青森県城ヶ倉渓流の歩道で、同好会のメンバー約20名が歩いていたところ、メンバーのひとりであった72歳の男性の頭部に岩石が直撃。すぐに病院に搬送されたが、後に死亡が確認された。遺族は、この歩道を管理していた青森市に対し、国家賠償法に基づいて損害賠償を求めて提訴。青森地裁は2007年5月に同市の責任を認めて損害賠償金の支払いを命じた。ただし、同市で現場管理者であった観光課長は、業務上過失致死事件として書類送検されたが、不起訴となった。

軽犯罪法

アウトドアに関係する行為も規制に多く含まれる

所管：法務省

【概略】軽犯罪とは、犯罪ではあるが比較的軽いもののことをさす。軽犯罪法第1条では、騒音や不法侵入など33の具体的な行為が処罰対象としてあげられている。制定当初は34だったが、動物を虐待する行為が動物愛護法により厳罰化されたため、33種の行為となった。

【規制】アウトドアアクティビティに関連するものとしては、下記の8つの規制がある。①正当な理由なくナイフなどを隠して携帯する、②水路の交通を妨げる、③火山の噴火など変事に公務員の指示に従わない、④相当の注意をしないで引火しやすい物の近くで焚火などをする、⑤水路の流通を妨げる、⑥公園などで排泄をする、⑦みだりにゴミなどを捨てる、⑧立入禁止の場所や田畑に侵入する。

　このうち①ナイフの携帯については、刃渡りが6cm以下のものだと軽犯罪法違反だが、6cmを超えると銃刀法違反となり2年以下の懲役又は30万円以下の罰金に問われる。また、④の焚き火などについては、もし火災になってしまうと刑法の失火罪（50万円以下の罰金）が適用される。

【罰則】違反すると、1日以上30日未満の拘留又は1000円以上1万円未満の科料に処せられる。拘留とは、身柄は拘束されるが懲役よりも期間が短く作業義務もない。また、科料は1万円以上の納付を求められる罰金よりも軽い財産刑のこと。軽犯罪法は比較的軽微な犯罪行為なので、罰則も軽いものとなっている。しかし、起訴されて有罪となれば前科がつき、事件の内容によっては報道されることもある。

【調べ方】総務省が公開しているネットの法令データベース「e-Gov法令検索」で検索すると条文を読むことができる。軽犯罪法の条文は具体的な犯罪行為が書かれているので、他の法律に比べるとイメージしやすい。

【実情】下の表は、2021年に軽犯罪法違反で検挙された行為をまとめたものだ。このうち上位4つは、アウトドアアクティビティにも関連するものとなっている。とくにナイフなどの携帯については、キャンプや釣りなどで使った後に車内やバッグに入れたままにすることで摘発されるケースが非常に多い。フィールドから帰ったら、ナイフは必ず自宅で保管することを心がけよう。また、立入禁止場所などへの侵入については、ロープや看板などの明らかにその場所に立ち入ることを禁止するものがあり、それを故意に無視した場合に摘発される。看板を見逃してしまったなど意図的に侵入したのでなければ、口頭での注意で済まされるケースが多い。

2021年に軽犯罪法違反で検挙された主な罪状と人数

違反行為	人数
凶器携帯の罪	3241
田畑等侵入の罪	1751
火気乱用の罪	886
排せつ等の罪	515
ストーカー行為（追随等）の罪	412
虚構申告の罪	330
業務妨害の罪	251
窃視の罪	243
はり札、標示物除去の罪	200
汚廃物投棄の罪	161
身体露出の罪	160
危険物投注等の罪	126

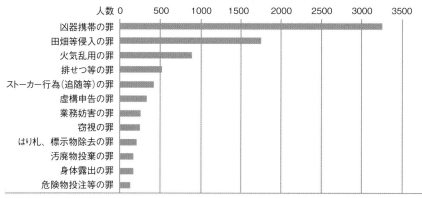

（警察庁発表「令和3年の犯罪」より）

条例

新たな条例が増えつつある。出かける前にリサーチを!

所管：自治体

【概略】条例とは、地方公共団体が、法令の範囲内において制定する法規のこと。都道府県や市町村などの地方自治体が定めたルールなので、その県や市といった一定の地域内でしか適用されない。アウトドアに関しては、登山届やキャンプ、焚き火、釣り、動植物の採集などについて、各自治体によってさまざま条例が制定されている。

【規制】各都道府県だけでなく市区町村でも独自に条例が定められていることもあり、規制内容は多岐にわたる。また、原則として法律よりも強い規制を行うことはできないことになっているが、地方の実情に応じて厳しい基準が設けられている場合もある。

【罰則】条例には罰則規定がないものが数多くあるが、地方自治法では、条例に違反した者に対して、2年以下の懲役もしくは禁錮、100万円以下の罰金、拘留、科料もしくは没収の刑、5万円以下の過料を定めることができると規定されている。

【調べ方】検索サイトで「キャンプ　○○市」や「釣り　規制　○○川」のようにアクティビティと市町村やエリアなどを複合検索しよう。しっかりと根拠を確認するには、各自治体の例規集を検索するといい。各自治体の例規集へのリンクをまとめたウェブサイトもある。検索してもわからない場合は、自治体に直接電話を入れて確認するのが確実だ。

【実情】条例は、社会情勢の変化に対応して迅速に制定されることが多い。2021年7月には、兵庫県明石市の海水浴場で水上バイクが遊泳客の近くを暴走する映像がテレビニュースで流れて、全国的な話題となった。それを受けて明石市では2022年3月に悪質な水上バイクの運転に対して懲役刑などを定めた「明石市水上オートバイ等の安全な利用の促進に関

する条例」を公布・施行。市町村が条例に懲役刑を盛り込むのは全国初ということでマスコミでも大きく取り上げられた。

　このように条例は毎年のように増加傾向にあるため、そのすべてを把握するのは難しい。遠方でのアクティビティを計画するときは、目的地の自治体で定められている条例がないかを事前にリサーチしておきたい。

アウトドアアクティビティに関する条例を制定している市町村の例

市町村	条例名	主な内容
栃木県足利市	足利市の美しい山林を火災から守る条例	山林の屋外での喫煙と焚き火などを禁止
東京都狛江市	狛江市多摩川河川敷の環境を保全する条例	多摩川河川敷でのバーベキューの禁止
東京都あきる野市	あきる野市生物多様性保全条例	希少生物の捕獲等の禁止、保護区域の指定・行為制限等
千葉県芝山町	ひこうきの丘の設置及び管理に関する条例	設定区域内でのドローン等の小型無人機の使用を禁止
千葉県館山市	館山市都市公園条例	市長が指定した場所以外での焚き火、バーベキュー、花火の禁止
大阪府高槻市	高槻市摂津峡における自然環境の保全等に関する条例	指定区域におけるバーベキューと花火の原則禁止
奈良県天川村	天川村をきれいにする条例	村内全域でのバーベキューの禁止
兵庫県明石市	明石市水上オートバイ等の安全な利用の促進に関する条例	遊泳者安全区域に水上オートバイ等の乗り入れを禁止
兵庫県神戸市	須磨海岸を守り育てる条例	須磨海岸でのバーベキューの禁止
兵庫県芦屋市	芦屋市清潔で安全・快適な生活環境の確保に関する条例	特定の区域におけるバーベキューやプレジャーボートの航行を禁止
鳥取県岩美町	岩美町キャンプ及びバーベキュー等禁止区域に関する条例	特定の区域におけるキャンプやバーベキューの禁止
長崎県壱岐市	指定外来種等による生態系等に係る被害の防止に関する条例	指定外来種の飼養等と放出を禁止
鹿児島県垂水市	垂水市ポイ捨て等防止条例	空き缶等のポイ捨て等禁止、改善命令に従わないと罰金を5万円
沖縄県竹富町	竹富町自然環境保護条例	希少野生動植物保護区の指定・行為規制等

野生動物保護の条例を制定している都道府県の例

都道府県	条例名
北海道	北海道生物の多様性の保全等に関する条例
東京都	東京における自然の保護と回復に関する条例
長野県	長野県希少野生動植物保護条例
京都府	京都府絶滅のおそれのある野生生物の保全に関する条例
福岡県	福岡県希少野生動植物種の保護に関する条例
沖縄県	沖縄県希少野生動植物保護条例

種の保存法

絶滅危惧種が増えるにつれて、採集などの規制対象種も増えている!

所管：環境省

【概略】正式名称は、「絶滅の恐れのある野生動植物の種の保存に関する法律」といい、希少な野生動植物を保全するために制定された。環境省のレッドリストなどの中から選定された「国内希少野生動植物種」（2022年現在、427種）と「国際希少野生動植物種」の2カテゴリーがある。「国内希少野生動植物種」の一部は、アツモリソウなど人工的な繁殖個体であれば飼育・栽培が可能なもの（特定第一種）とタガメなど販売・頒布目的でなければ採集可能なもの（特定第二種）に指定されている。

【規制】規制対象には、生きている個体だけでなく剥製や標本、器官（羽や皮、牙など）、加工品（毛皮の敷物、漢方薬）も含まれる。主な禁止事項としては、指定対象種を①捕獲、②譲渡、③販売や頒布を目的とした陳列・広告などがある（環境大臣に登録を受けた場合を除く）。

【罰則】違法な捕獲や譲渡は、個人だと「5年以下の懲役又は500万円以下の罰金」。違法な陳列や広告に対しては個人だと「1年以下の懲役又は100万円以下の罰金」に処せられる。

【調べ方】「国内希少野生動植物種」、「国際希少野生動植物種」の指定種は、環境省のウェブサイトにある「種の保存法における規制対象種一覧」で確認できる。最近は、新種の発見にともなう「緊急指定種」の指定が毎年のように行われている。常に最新の情報をチェックしておこう。

種の保存法の規制対象種の区分

種の保存法	国内希少野生動植物種	
		特定第一種国内希少野生動植物種
		特定第二種国内希少野生動植物種
	国際希少野生動植物種	
	緊急指定種	

第 2 章

山で行う
アクティビティに
かかわる法律や
条例

山で行うアクティビティにかかわる法律や条例概論

　ひとくちに山と言っても、その場所が自然公園に指定されているのか、国有林なのか、私有林なのかなどによって関係する法律が変わってくる。まずは、自分の行きたいフィールドがどんな場所なのかを事前に調べておくことが大切だ。さらに、その場所ではどのような行為が規制されているのかも確認しておきたい。ここでは山で遊ぶときに中心に関わってくる次の5つの法令について解説する。

①自然公園法、②文化財保護法、③森林法、④軽犯罪法、⑤条例

　まず、フィールドが自然公園（国立公園、国定公園、都道府県立自然公園）内であれば、優れた自然の風景地の保護と利用について定めた自然公園法の規制がかかることになる。学術上貴重な動植物、地質・鉱物が多い場所なら、文化財保護法により名勝や天然記念物、天然保護区域として保護されている場合がある。人の手が加わっていない自然環境が残るエリアは、自然環境保全法により規制がかかる地域が指定されている場合がある。

　また、森林の中でアクティビティを行う場合は、森林の保続培養と森林生産力の増進を図る森林法が関わってくる。不法侵入を禁止している森林ならば、軽犯罪法の対象となることもあるので注意が必要だ。さらに、場所によって環境やそこに棲む生き物は異なってくるため、それぞれの場所に合わせて、地方公共団体が条例による規制を定めている場合がある。このように山でのアクティビティには数種類の法律が複雑に関わっていることを知っておこう。

　とくに条例は、バーベキューやキャンプなどのアウトドアアクティビティを禁止していたり、野生動物を保護するものなど、様々なものがある。フィールドに出かける前には、各自治体のウェブサイトで禁止行為や立入禁止エリアなどについてチェックしておきたい。

八ヶ岳中信高原国定公園。自然公園法だけでなく、長野県や山梨県の条例などの規制もかかる

自然公園法　　　　　　　　　　　☞P.10

［**制限されること**］指定地域外でのテントの設営、動植物の採集、焚き火、自転車などの乗り入れ、ペットの放し飼い、道標などの設置など（自然公園内の規制は一律ではなく、細かな地域指定と規制が行為ごとに決まっている）

　国立公園や国定公園、都道府県立自然公園が対象。各公園内を「特別保護地区」と「特別地域」、「普通地域」に区分しており、前2者は風景や環境の保護のために規制対象となる各種の行為は事前に許可を受ける必要がある。自然公園でアクティビティをする場合は、これらのエリアの範囲を把握しておきたい。それ以外の「普通地域」での一般的なアクティビティは、規制の対象行為とならないことがほとんどだ。

富士箱根伊豆国立公園の区域図　オレンジ色で囲まれた範囲が特別保護地区だ　出典／環境省

☑雪山登山や岩登りなど愛好者の少ないアクティビティでは、特別保護地区や特別地域内であってもテントの設営が黙認されていることが多い（テントの設営は、厳密には自然公園法の規制対象行為の「工作物の新築」に該当する）。
☑自然公園内の「特別保護地区」ではすべての動植物の採集などが禁止されている。各自然公園の区域図などで確認しておこう。各自然公園ごとに特別地域内で指定種の採集を禁止しており、こちらも合わせて確認しておきたい。
☑自然公園法では、特別保護地区以外の特別地域内での焚き火は禁止されていないが、原則として土地所有者の許可が必要。ただし黙認される場合もある。
☑自然公園内への自転車やスノーモービルなどの車馬乗り入れの規制範囲は、各自然公園で決まっている。詳しくはウェブサイトで確認しよう。

国立・国定公園名　規制行為　🔍検索

※「国立・国定公園」のキーワードには、出かける国立・国定公園を入れて検索しよう

文化財保護法

☞P.8

［ダメなこと］指定地域内での動植物の採集、殺傷、持ち帰りなど。天然記念物にピトンなどを打ち込むこと

　日本の自然を記念するものとして指定されている天然記念物。そのなかでも保護すべき天然記念物に富んだ地域が天然保護区域で、すべての動植物の採集が禁止されている（→ P.26）。規制が厳しい一方で対象となる地域は少なく、全国 23 か所のみ。ただし、尾瀬や上高地など一般的な観光地も含まれるため、気をつけておきたい。また、クライミングなどで名勝や天然記念物の岩場を傷つけるような行為は禁止されている。

☑天然保護区域では、落ち葉や木の実を拾うことも違法になる。

☑全国の文化財は、「文化財総覧 WebGIS（地理情報システム）」で調べることができる。

☑文化庁のウェブサイト「国指定文化財等データベース」で、文化財分類から「史跡名勝天然記念物」を選択すると天然保護区域を調べることができる。

天然保護区域に指定されている尾瀬

森林法

［ダメなこと］森林産物の無許可採集

　森林法では、農地や住宅地、公共施設などの敷地などを除いた、ほぼすべての森林が対象となる。山の中にあるほとんどの森林は、この法律が適用され、森林の中に生育するキノコや山菜などを所有者に無断で採集すると、森林窃盗罪に問われる。また、焚き火の不始末などが原因で森林火災を引き起こした場合には、刑事・民事上の責任を問われる可能性もある。

☑森林内の岩石を持ち帰った場合も、森林窃盗罪に該当する可能性がある。

☑キノコ採りや山菜採りは、森林の所有者や管理者が黙認しているケースもあるが、事前に確認をとったほうがトラブルに繋がりにくい。

有名な山菜のフキノトウ。採取を禁止している場所ではとらないように

軽犯罪法
☞P.16

[ダメなこと] 立入禁止の他人の土地に無許可で入る、理由なく刃物を携帯するなど

　土地の所有者が「入ることを禁じた場所」に足を踏み入れて登山やキャンプをすると、不法侵入とみなされ拘留又は科料に処せられる可能性がある。キャンプで使うような刃物を日常生活で携行している場合も、軽犯罪法違反とみなされる可能性がある。

☑刃物はアクティビティに行くときだけ携行し、ケースに入れてクッカーやバーナーなどの調理器具と一緒の袋に入れておくこと。

各自治体の条例
☞P.18

[ダメなこと] 指定地域内への立入、動植物の採集、登山届の不提出など

　各自治体によって動植物の保護条例や立入禁止エリアが定められている場合がある。また、登山をする場合は、登山届の提出を条例で義務付けている県もある。

☑条例は、規制内容が毎年のように変わっている。出かける前には各自治体のウェブサイトで最新の情報をチェックしておきたい。

☑登山届の提出が義務付けられているのは、長野県など7県だが（2022年現在）、今後は増えてくる可能性がある。

登山・ハイキング・トレイルランをするときに気をつけたい法律や条例

　登山道として登山地図にルートが記載されている道を歩くだけなら、法律に違反する可能性は、まず考えられない。ただし、注意したいのが国立公園・国定公園などの自然公園内でテント泊をする場合だ。自然公園内の特別保護地区と特別地域内では、キャンプ指定地以外での野営は工作物の新築に該当するため自然公園法違反となる。また、自然公園の特別保護地区や天然記念物を保護している天然保護区域（表を参照）では、すべての生物の採集が認められていない。このエリアでは落ち葉や木の実を拾うことも違法行為となる。

　ほかにも気をつけたいのが、登山に関する条例だ。まず、北アルプスなど登山者に人気の山域では、登山届の提出を条例で義務付けているところがある。なかには群馬県や岐阜県など、違反すると罰則規定がある県もあるので注意したい（→P.33）。万が一、遭難してしまった場合、埼玉県では防災ヘリプターで救助されると手数料を徴収する条例が2018年より施行されている。

登山やハイキングに関係する天然保護区域

特別天然記念物	都道府県
大雪山	北海道
黒部峡谷附猿飛ならびに奥鐘山	富山県
上高地	長野県
尾瀬	福島県・群馬県・新潟県

天然記念物	都道府県
釧路湿原	北海道
沙流川源流原始林	北海道
松前小島	北海道
標津湿原　北海道	北海道
十和田湖および奥入瀬渓流	青森県・秋田県
月山	山形県
上野楢原のシオジ林	群馬県
黒岩山	長野県
大杉谷	三重県
双石山	宮崎県
稲尾岳	鹿児島県
神屋・湯湾岳	鹿児島県
星立天然保護区域	沖縄県
仲間川天然保護区域	沖縄県
与那覇岳天然保護区域	沖縄県

この他に、鳥島や南硫黄島なども天然保護区域に指定されている

Q1. 登山道以外の場所を自由に歩いてもいいの？

A. 山の所有者が登山道以外の場所の登山を制限していなければ、原則的にどこでも歩くことができます。

山を歩いていると「登山道以外立ち入り禁止」という看板を目にすることがあります。このような警告を無視した場合、法律違反に問われるのでしょうか。

【法律に違反する場合】

一般的に山の所有者が立ち入り禁止を明示しているのに足を踏み入れた場合、住居侵入罪（3年以下の懲役又は10万円以下の罰金）や、軽犯罪法違反（拘留又は科料）で処罰される可能性があります。また、自然公園の特別保護地区にある湿原など環境保護のために立入禁止と示された場所に入ると、自然公園法によって罰せられる場合もあります。ほかにも火山の噴火や悪天候などで行政が入山禁止措置を行ったのに違反すると、災害対策基本法や遭難防止条例によって、罰金が科せられることもあります。これらの場合、いずれも看板やロープなどで立入を禁止することがわかるようになっていることがほとんどです。

逆に言うと、所有者による登山道以外への立ち入り禁止が明示されていない限り、登山者はどこでも自由に歩くことができるのです。たとえば雪山登山や沢登りなどのアクティビティでは、登山道がない場所を歩くのが登るのが一般的です。これは愛好者が少ないので環境に与える影響が小さいことから、山の所有者が登山道以外であっても歩くことを積極的に禁止してはいないと考えられます。

【守りたいマナー】

しかし、登山者の多い山域では、山の所有者以外の団体などが登山道以外を歩くことを禁止していることがあります。これは、厳密に言うと法的根拠はないのですが、環境保護や遭難防止などのためです。このような立入禁止の呼びかけを受け入れることは、登山者として守るべきマナーといえるでしょう。

立入禁止と書かれた場所には入らないようにしておきたい

Q2. テン場以外でテントを張るのって違法なの？

A. 原則として違法ですが、黙認されている場合もあります。

【法律に違反する場合】

　北アルプスなどキャンプ指定地が定められている山域は自然公園の特別地域または特別保護地区に指定されていることが多く、そのような地域では指定された場所以外にテントを張ることは原則として違法です。これは自然公園（国立公園、国定公園、都道府県立自然公園）の特別保護地区や特別地域では、行政の許可なく「工作物を設置する」ことが認められていないからです。違反すると「6か月以下の懲役又は50万円以下の罰金」に処される可能性があります。ただし、道に迷ってしまったり、疲労で歩くのが難しい場合など、危険な事態に陥ってしまったときは、緊急避難行為としてキャンプ指定地以外でのテント泊が認められています（自然公園以外でのキャンプについては→P.41）。

【守るべきマナー】

　また、雪山登山、沢登り、バリエーションルートの登攀など、近くにキャンプ指定地がない登山の場合は、自然公園内であってもテント泊が黙認されています。このような山行は、どこで幕営するか決めることが難しいので、事前に許可を取ることができません。だからといって幕営を禁止してしまうと、アクティビティ自体を禁止することになってしまいます。実際、雪山や沢登りなどは、一般登山にくらべて愛好者の絶対数が少なく、環境への負荷が少ないことから黙認されているのです。

　もし、このようなアクティビティでテント泊をする場合、ゴミや排泄物を放置するなど自然を破壊する行為は止めましょう。インスタントラーメンの残り汁や食器を洗った汚水を地面に流したりするのも、環境に負荷がかかってしまうので絶対にNGです。これまで黙認されてきたものが、禁止されてしまう可能性が高くなります。

緊急時以外はキャンプ指定地を使用しよう

Q3. ハイキング中に見つけた木の実や動物の骨を持って帰ってもいいの?

A. 自然公園の特別保護地区、天然保護区域では、木の実の持ち帰りは違法です。

【法律に違反する場合】

　山で見つけたきれいな木の実や落ち葉は、つい持ち帰りたくなります。しかし、場合によっては法律違反になるので注意が必要です。まず、他人が所有する雑木林で木の実を採取すると窃盗罪になります。2018年には、神奈川県相模原市の雑木林でクルミ71個(時価1200円相当)を無断で採った男性に神奈川県警津久井署の警察官が声をかけたところ、逃げたため、現行犯逮捕されました。

　それ以外にも国立公園などの自然公園の特別保護地区内と天然保護区域内では落ちている種子や落ち葉などを持ち帰ることは法律で許されていません。もし違反すると「6か月以下の懲役又は50万円以下の罰金」(自然公園法)、「5年以下の懲役又は100万円以下の罰金」(文化財保護法)が科せられることもあります。

　ただし、同じ国立公園でも普通地域と特別保護地区を除く特別地域では、落ち葉を拾うことは規制されていません。たとえば、奥多摩のある秩父多摩甲斐国立公園の場合、雲取山は特別保護地区ですが、御岳山、川苔山、鷹ノ巣山などは特別保護地区ではなく特別地域になっています。もし、木の実や落ち葉採集を目的に山に入る場合は、事前にどのエリアが特別保護地区に該当するのか、ネットで調べてみるとよいでしょう。

　また、動物の骨や昆虫の死骸については、落ち葉と一緒のように思われますが、自然公園法は生きている個体の捕獲だけが規制の対象になるので、持ち帰っても大丈夫です。ただし、生きている昆虫や植物については、「種の保存法」や「条例」で捕獲が禁止されている種もありますので、注意が必要です。

山でクルミやどんぐりを拾う前に、そこが採集可能な場所かどうか確認しよう

Q4. よく行く山で登山道整備のためにササを刈っても問題ないですよね?

A. 許可なく登山道整備をすると罰せられる可能性があります。

【法律に違反する場合】

　登山道を整備するためとはいえ、所有者の許可なく山へ入ってササや枝を刈った場合、他人の物を勝手に壊したとみなされる可能性があります。罰則としては器物損壊等罪として「3年以下の懲役又は30万円以下の罰金若しくは科料」に処されることも。もし、その山が国有林だった場合は、森林法にも抵触するので「150万円以下の罰金」を払わなくてはいけないケースも考えられます。また、ササを刈った場所が国立公園の特別保護地区だった場合は、自然公園法違反に問われることもあります。2012年には小笠原国立公園特別保護地区内にある母島の乳房山登山道で、環境大臣の許可を受けずに木

竹の損傷などを行ったとして、環境省は容疑者不明のまま警視庁小笠原警察署に告発を行いました。

　登山道を整備したいと思ったら、まずは地元の自治体や森林管理署などに連絡をして山の所有者の了解や法律上認められる行為かどうかの確認をすることをおすすめします。

【守るべきマナー】

　では、一般の登山者が登山中に道に張り出したササや小枝を刈ることは、違法なのでしょうか?　自然公園法では「木竹の伐採（特別地域内では禁止）」と「木竹の損傷（特別保護地区では禁止）」の2つの行為を区別しており、枝のみを払うことは「木竹の損傷」に該当します。枝が登山道をふさいでいる場合、登山道の安全のために払うことは、特別保護地区では違法、それ以外では自然公園法に抵触しないことになります。なお、登山道の中には国立公園の事業として整備管理しているものもあるので、特別保護地区で邪魔な枝がある場合は、管理者や都道府県に連絡するのがよいでしょう。

登山道を整備する場合は勝手にやらず、管理者に連絡をとろう

Q5. 遭難しないために登山道に道標を設置したのですが、法的に問題はないでしょうか?

A. 勝手に道標を設置すると法律違反になる可能性があります。

【法律に違反する場合】

　登山道に道標を設置する法的責任を負っているのは、登山道の所有者か管理者だけです。遭難防止のためとはいえ、勝手に道標を設置することはできません。もし、誰でも自由に道標を作ってしまうと、自然景観を損ねることにもなってしまいます。自然公園の特別保護地区や特別地域では、道標は「工作物」とみなされるため、国や都道府県の許可なく設置すると自然公園法で罰せられたり、原状回復を命じられることも考えられます。道迷いをしそうな登山道に道標を設置したいと思ったら、自分の判断で勝手に行わず、まずは登山道の管理者に連絡を入れてみましょう。管理者がわからない場合は、所轄の地方自治体の観光課などに聞いてみるとよいでしょう。

　また、道標と同じようにルートの目印として樹木にテープやリボンが設置されていることがありますが、これも無許可での設置はNGです。雪山やヤブこぎ登山では、道に迷わないための緊急避難行為として、黙認されていることも多いのですが、山の所有者や管理者が管理上の支障になると判断したら、撤去されても文句は言えません。

【守るべきマナー】

　雪山やヤブこぎ登山で道迷い防止のためにテープやリボンを設置した場合、使用後は帰りに外していくのがマナーです。目立つ色の残置テープは、山の景観を損ねることになりますし、ビニールなどの素材は、自然分解しないので環境破壊につながります。また、明確にルートを示したテープではない限り、ほかの登山者に誤解を与えて道迷い遭難を誘発する危険もあります。目印テープは残置しないように気をつけましょう。

緊急時を除いてむやみにテープを設置するのはやめておこう

Q6. イヌと一緒に登山していいんだよね?

A. 山域によってはローカルルールで禁止されています。

最近、人気が高まっている犬連れ登山ですが、ネット上で論争になるなど、賛否両論があります。

【法律に違反する場合】

原則としてペットと一緒に登山を禁止する法律はありません。ただし、自然公園の特別保護地区では、「動物を放つこと」は禁止されていますので、ノーリードで犬を遊ばせることは法律違反になります。

【ローカルルール】

法律では規制されていなくてもローカルルールで犬連れ登山の自粛を呼びかけている山域もあります。たとえば、長野県では「自然公園内へのペット持ち込みは、原則として行わないように」とウェブサイトに掲載しています。これは、ペットと野生動物の間で糞や毛を介した感染症、寄生虫などを予防するためです。同様に北アルプスの立山黒部アルペンルートも自然保護および貴重な動植物の生態系を守るためという理由で、ペットの持ち込み（ケージも不可）が禁止されています。

その一方で奥多摩の御岳山のように、ペット同伴登山を積極的に受け入れている山域もあります。御嶽神社までのケーブルカーはケージ不要ですし、お社では愛犬の祈祷をすることもできます。犬連れで登山をしたいと思う人は、事前に山域のローカルルールを確認しておくことが必要です。

【守るべきマナー】

現在はペットの持ち込みOKという山域でも、トラブルが起きると今後は禁止されることがあるかもしれません。排泄物の後始末をする、犬が嫌いな人を怯えさせない、キノコや木の実など山に自生しているものは食べさせない、登山道以外の場所は歩かせないなど、環境や他の登山者に対する配慮を忘れないようにしましょう。

行き先が愛犬と登山できる場所かどうか、事前に確認しておこう

Q7. 登山届って必ず出さないといけないの？

A. 山域によっては、出さないと罰金が科せられる場合もあります。

登山届とは、行動中のルートや装備、メンバーなどを記入した書類で、万が一遭難してしまったときに迅速に捜索をしてもらうためのものです。日本の山岳遭難者数は2000年ごろから増加の一途をたどり、2021年には3075人を数えました。

【条例に違反する場合】

これに伴って、2010年ごろから登山届の提出を義務化する条例を施行する自治体が増えています。これらの県では登山届を出さないと、条例違反になります。岐阜県では、登山届を提出しないと5万円以下の過料（罰金）が科せられますが、2020年には3件、2021年には1件の違反が摘発されました。

登山届を提出する方法としては、登山口にあるポストに投函したり、FAXやメールで送るなどさまざま

な方法があります。そのなかでも最も便利なのは、ウェブサイトの「コンパス」を利用することでしょう。スマホで簡単に作成することができますし、予定時刻を過ぎても下山しない場合は、家族や知人に自動的に連絡がいくシステムになっています。ただし、全国すべての自治体でコンパスによる登山届を受け付けているわけではないので（下の表にある義務化されている県は受付可能）、注意が必要です。

【知っておきたい知識】

捜索が開始されるのは、警察などに家族や知人からの要請があってからです。登山届を提出する場合は、必ずコピーを家族か友人に渡しておき、「予定までに下山しない場合は、捜索要請をお願いします」と伝えておくことが大切です。

登山届提出が義務化されている山域 (2023年1月現在)

都道府県	山域	期間	罰則の有無
群馬県	谷川岳周辺	3/1～11/30	3万円以下の罰金
新潟県	新潟焼山	通年	5万円以下の過料
長野県	122の指定登山道	通年	なし
山梨県	富士山、八ヶ岳、南アルプスの一部	12/1～3/31	なし
富山県	剱岳周辺	12/1～5/15	5万円以下の罰金又は科料
岐阜県	北アルプスの一部、白山、乗鞍岳など	通年、12/1～4/15	5万円以下の過料
石川県	白山	通年	5万円以下の過料

Q8. 遭難した後、無事に下山したら遭難救助費用を請求されました。自分から救助を依頼したわけじゃなくても支払う必要はあるんですか?

A. 家族が捜索に同意した場合は、支払義務が発生します。

遭難事故が発生し、本人や家族から要請があった場合、警察や消防などが救助・捜索活動を行いますが、費用は基本的に無料です。

【条例が適用される場合】

ところが、埼玉県では2018年に県内の一部山岳エリアで救助のために防災ヘリが出動した場合は、有料とする条例が施行されました。料金は5分ごとに5000円。過去の平均救助時間は1時間程度とのことなので、救助要請をすると費用は約6万円かかるということになります。2022年現在、埼玉県以外で捜索費用を有料としている自治体はありませんが、検討を進めている都道府県がほかにもあります。

埼玉県以外にも捜索費用の有料化を検討している自治体もある

【知っておきたい知識】

捜索において警察や消防だけでは人数が不足している場合は、民間の救助組織が出動することもあり、日当などの費用が発生します。このような費用は、基本的に遭難者本人が同意の上で負担をすることになっています。しかし、本人と連絡が取れない場合は、家族が費用負担することを同意したら遭難者と家族に費用を負担する義務が生じます。もし、遭難者が自力下山できて「自分は救助要請をしなかった」と言っても、家族が要請していたら支払わなくてはいけないのです。そのような場合に捜索費用の補償をしてくれるのが、山岳保険です。万が一、遭難してしまい高額の捜索費用を負担することにならないよう、山岳保険には必ず加入しておきましょう。

ただし、一口に山岳保険といっても捜索救助費用に特化したものから入院補償、対人賠償保障がついたものまで様々です。加入時は、自分に必要な保険を吟味しましょう。

Q9. 山でお花摘み／キジ撃ちすることって、法律的には問題ないんですか?

A. 厳密には法律違反ですが、現実的には黙認されています。

【法律に違反する場合】

　登山用語でお花摘みやキジ撃ちとは、山中で用を足すことです。街なかなど「公衆の集合する場所で用を足す」と軽犯罪法違反となり「1 日以上 30 日未満の拘留又は 1000 円以上 1 万円未満の科料」が科されます。

　では、山中では問題ないのでしょうか?　山中でも「公衆の集合する場所で用を足す」と軽犯罪法違反ですが、人の集まる場所を避ければ違反にはならず、やむを得ない場合も緊急避難が成立し処罰されません。

　とはいえ、軽犯罪法違反の問題とは別に、環境保護のために携帯トイレを持ち歩くようにしましょう。

できるだけ携帯トイレ、簡易トイレを持ち歩くようにしたい

Q10. 自分でハイキングイベントを開催すると違法って聞きましたが本当ですか?

A. 参加費の中に運賃や宿泊費などが含まれていると、旅行業法違反の可能性があります。

【法律に違反する場合】

　旅行業とは、報酬を得て運送や宿泊などの旅行業務を行う事業のことです。このような事業を営む場合、旅行業登録・旅行業サービス手配業登録が必要で、無登録の場合は旅行業法違反として 100 万円以下の罰金が科せられます。

　ハイキングイベントなどを行うときの参加費に運賃や宿泊費、報酬が含まれている場合は旅行業法が適用される場合があります。主催者が運賃や宿泊費をまとめて徴収する場合、一時的に収入（報酬）を得たとして旅行業法に抵触する場合がありますので、参加者個人で運賃や宿泊費を支払うとよいでしょう。

　なお、参加費に運賃などが含まれていても、イベントが 1 回限りで継続性がない場合、業務性がないので旅行業法違反になりません。

クライミング・ボルダリングをするときに気をつけたい法律やマナー

　アウトドアでのクライミングやボルダリングのときに気をつけたいのが、岩場にどんな規制がかかっているかだ。自然公園の特別保護地区や特別地域内だったり、文化財保護法や文化財保護条例で天然記念物に指定されていると、ピトンの打ち込みなどが法律違反になる可能性がある（ピトン＝ハーケン、ボルトなど人工物を岩場に残置することは、工作物の新築に該当するとみなされる場合がある）。

　それ以外でも他人が所有する岩場に登る場合は、所有者の許可を得なくてはいけない。もし無断で登ると、私有地への無断侵入となり軽犯罪法違反に問われることになる。また、岩場の所有者がクライミングを許可している場所でも、クライマーのマナーが悪いことから立入禁止となるところが増えている。これらは車の停め方やゴミのポイ捨て、騒音、トイレマナーの悪さなどが原因で「アクセス問題」と言われている。岩場はクライマーのものではなく、土地の所有者のものだ。他人の土地でアクティビティをさせてもらっているということを自覚し、地元の人たちに迷惑がかからないようにすることが大切だ。

　このようなアクセス問題が発生しているエリアについては、日本フリークライミング協会（JFA）が、ウェブサイトやSNSで情報を公開している。岩場に出かける前には、チェックしてみよう。

ルール・マナーを守って楽しく登ろう

Q1. 登ってはいけない岩や崖にはどういうものがありますか?

A. 私有地にある岩場や崖に無許可で登ると法律違反になります。

【法律に違反する場合】

　本来、他人が所有する岩場などに登る場合は、所有者の許可が必要です。2012年には所有者が登攀を禁止したにもかかわらず、和歌山県の那智の滝に登ったクライマー3人が軽犯罪法違反（私有地への無断立ち入り）で現行犯逮捕。その後、同法違反と礼拝所不敬罪（神祠、仏堂、墓所などの礼拝所に対し、公然と不敬な行為をした罪）で書類送検された後、起訴猶予処分となりました。

【守るべきマナー】

　しかし、これまでクライマーの多くは全国各地の岩場を無許可で登り、それが黙認されてきたという現状もあります。これは前述の那智の滝のように信仰の対象となったり文化的に貴重なものではなかったからといえるでしょう。ところが最近では、奥多摩の日原や福井県の東尋坊などの岩場でも登攀を禁止されるところが増えてきました。これは、事故が起きるからという理由に加えて、クライマーの騒音、迷惑駐車、ゴミの不始末などマナーの問題によるとい

われています。

　もともと古くからクライミングが行われてきた岩場については、個人の土地所有者が登攀を禁止できないケースもあります。これは、社会的に認知されている場所を特段の理由がないのに立ち入り禁止にすることは、所有権の濫用として制限されるからです。そうは言っても現実問題として、土地所有者と争ってまでクライミングの権利を獲得しても、気まずさが残るだけでしょう。お互いに嫌な思いをしないためにも、クライマーは土地の所有者や地元の住民の迷惑にならないようにマナーを守ることが大切です。

鷹取山のように登るには事前申込みによる登録が必要な岩場もある

Q2. クライミングをするときに岩にボルトやピトンを打ち込むのって、法律的には問題ないですよね？

A. 天然記念物や自然公園内の岩場では、法律違反の可能性が高いです。

【知っておきたい知識】

自然公園内で岩壁に登攀用のボルトやピトンを打ち込むことは、法律を厳密に適用すると違反にあたる可能性があります。これらの登攀用具を残置した場合は、「工作物の新築」に該当し、自然公園の特別保護地区や特別区域内の岩場に設置するには国や地方自治体の許可が必要だからです。しかし、谷川岳の一ノ倉や穂高岳の屏風岩などは国立公園内にありますが、自然公園法違反で摘発された事例はありません。これは、行為の結果によって法律が守ろうとしている自然景観や生物多様性に生じされる被害の大きさが、処罰されるほど大きくはないとみなされているからです。

老朽化したボルトを打ち直す「リボルト」が問題となることも

【法律に違反する場合】

また、クライミングの歴史のある岩場であっても天然記念物に指定されていると、登攀用具を打ち込むことはできません。文化財保護法によって「現状を変更することが禁止」されているからです。2016年には、岐阜県御嵩町にある国の天然記念物「鬼岩」にボルトを打ち込んだとして、文化財保護法違反容疑で男性クライマーが書類送検されました。男性は、天然記念物とは知らず、老朽化したボルトを取り替える（リボルト）ために打ち直しましたが、被害が発表された後に警察に自首したとのこと。このような天然記念物にピトンが打ち込まれた事例は、石川県の「白峰百万貫の岩」や長野県の「天竜峡」でも見つかっています。

一般的にボルトの老朽化は、クライミングによる事故の危険性が高まるため早急にリボルトする必要があります。しかし、場所によってはリボルトも法律違反となってしまう可能性が高いのです。

自分の命の危険を回避するために 仲間を見殺しにしたら罪に問われるの？

　山岳映画として人気のある『神々の山嶺』や『運命を分けたザイル』。その中には、仲間とのクライミング中に滑落して、2人とも死ぬか自分だけが助かるべきかで悩み、命綱であるザイルを切るシーンがあります。自分の生命と引き換えに仲間を見殺しにする行為は、法律に違反するのでしょうか？

　答えは、No です。「緊急避難」が認められるので、殺人罪には問われないのです。「緊急避難」とは自分や他人の権利・利益に対する危険を避けるためにやむを得ずにした行為のこと。自分自身の生命を守るためにパートナーの生命を犠牲にすることは、違法ではないとされています。緊急避難の例としてよく知られているのが、古代ギリシャの哲学者カルネアデスが考えたと言われている「カルネアデスの板」という寓話です。ある船が難破して、乗員全員が海に放り出されました。みんなが海に浮かぶ板にしがみつこうとしますが、板には1人しかしがみつけません。ある男は他の人を突き飛ばして溺死させた結果、生き延びる

ことができました。このような場合は、刑事責任だけでなく、民事上も損害賠償責任が発生しないことが多いでしょう。

　ただし、パートナーがクライミング初心者で自分がガイドだった場合など、業務上特別の義務がある者には緊急避難は適用されません。もし、安全配慮に対して注意が不十分だったと判断されると法的責任を問われる可能性が高くなります。

実際に同じような事件が起きた場合には、様々な状況が考えられるため、必ず「緊急避難」が認められるとは限らない

山でキャンプ・焚き火をするときに気をつけたい法律や条例

　キャンプ場でのキャンプに慣れ、山というフィールドでキャンプを始めるときにまず気をつけたいのは、そこが国立公園などの自然公園内かどうかだ。自然公園内では、自然公園法により原則として決められた指定地以外の場所ではテントを張ることができない。自然公園の特別保護地区や特別地域でテントを設営すると「工作物の設置」とみなされ、自然公園法違反に該当するからだ。国立公園と言うと高山帯にあるイメージが強いが、「秩父多摩甲斐国立公園」のように都市部から離れていない場所にある場合もあるので注意しよう。

　また、自然公園以外の場所なら自由に幕営できるかというと、そんなことはない。他人の土地に勝手に入り込んでテントを張ると、土地所有権を侵害したことになり、賠償金を請求されたり軽犯罪法で罰せられる可能性がある。場合によっては、土地所有者がキャンプを黙認しているケースもあるが、マナーを守らないと禁止されてしまうこともある。

　静岡県のように、地方によっては環境保護のために条例でキャンプ禁止エリアを定めているところもあるので事前に確認しておこう。

　焚き火についてもキャンプと同様で、自然公園などの禁止エリアや土地所有者の許可を得ていない場所では、土地所有者や管理者が黙認する場合を除き、NG だ。また、キャンプは黙認されている場所でも、焚き火は黙認しない場合があるので、注意が必要だ。

キャンプも焚き火も自然の中ならどこでやってもOKというわけではない

Q1. 山ではどこでテントを張ってもいいんだよね？

A. 基本的には山の所有者の許可が必要です。

【法律に違反する場合】

　自然公園内の特別保護地区や特別地域でのテントを利用したキャンプは、自然公園法の規制行為である「工作物の新築」に該当する可能性が高いです。違反すると「6か月以下の懲役又は50万円以下の罰金」に処される可能性があります。また、日本の土地には必ず所有者がいますが、所有者が立ち入りを禁止している場所で勝手にキャンプをすると、不法侵入として軽犯罪法に問われる可能性があります。

【ローカルルール】

　しかし、現実問題として山でキャンプするときに土地の所有者から許可を取っている人は、それほど多いとはいえません。それは、所有者が山でのキャンプを黙認してきたからです。では、自然公園以外なら、自由にテントを張ってよいかというと、そんなことはありません。国有林を管理する林野庁では、ウェブサイトで「指定地外でのキャンプは禁止など、それぞれのレクリエーションの森のルールに従ってください」と呼びかけ、キャンプ場やキャンプ指定地での野営を強く推奨しています。

【守るべきマナー】

　私有地、公有地を問わずある程度は黙認されてきた山でのキャンプですが、もし山にゴミを捨てて帰ったり、樹木を傷つけたりすると所有者が立入を禁止することも考えられます。そのようなことにならないように、マナーを守ることが必要です。

できるだけキャンプ場やキャンプ指定地を使いたい

Q2. 焚き火はどこでやってもいいんだよね？

A. 法律で禁止されている場所もあるので、事前に焚き火OKかを確認しましょう。

【法律に違反する場合】

　自然公園内の特別保護地区（自然公園法）や原生自然環境保全地域（自然環境保全法）、都市公園の指定場所以外（都市公園法）では、それぞれの法律によって焚き火が禁止されています。もし、自然公園の特別保護地区で焚き火をすると、「6か月以下の懲役又は50万円以下の罰金」に処せられます。

　これらの場所以外でも焚き火がダメなケースもあります。例えば、消防法では屋外で危険と思われるや焚き火などがあった場合、消防長や消防吏員が禁止や停止を求めることができるとされています。つまり、焚き火をしているのを見た人が警察や消防に通報して危険と判断された場合、従わなくてはいけないのです。

消防員に注意された場合、その場所での焚き火は止めておこう

　また、周囲に燃えやすい森林等があるにもかかわらず、万が一に備えて消火対策水を入れたバケツ等）の準備をしないで焚き火をすると、軽犯罪法違反になります。

　そのほかにも都市部や住宅密集地地域では、各地方自治体の条例によって焚き火が禁止されているところもあります。基本的にアウトドアで焚き火をしたいと思ったら、フィールドの所有者や管理者に事前に問い合わせをするのがよいでしょう。

【守りたいマナー】

「廃棄物の処理及び清掃に関する法律」では、野外でゴミを燃やすことが禁じられていますが、庭先の焚き火やキャンプファイヤーなどで軽微な廃棄物の焼却は、例外として認められています。しかし、焚き火をする際は、火事を防ぐためにもゴミは燃やさずに持ち帰るのがマナーです。また、最近は、自然環境を考えて焚き火台を使うユーザーが増えてきました。焚き火台は土の中の微生物を殺さないので環境に優しいのですが、使用NGのキャンプ場もありますので注意しましょう。

Q3. 最近、流行りのハンモック泊。低山などの樹林帯でハンモックを使って宿泊する遊びだけど、ビバークとして認められるの?

A. 認められないことが多いでしょう。

【法律に違反する場合】

　ビバークとはテントや山小屋を利用せずに、野外でツエルトやシュラフなどを使って宿泊することです。ビバークには安全確保のためにやむを得ない事情があり、緊急時に行われるものと、計画的に行われるものの2つがあります。このうち、前者の緊急時のビバークは、民事上も刑事上も違法ではないとされることが多いでしょう。しかし、計画的なビバークは注意が必要です。自然公園内では、シュラフだけで泊まるならともかく、ハンモックを吊ることは、テントと同様に「工作物の新築」とみなされる可能性が高いでしょう。自然公園以外の場所で行なう計画的なビバークは、土地所有者が禁止していない場合に限って可能です。

Q4. 十徳ナイフ・マルチツールなどの多機能ナイフは、携行していると法律違反になるって聞いたんですけど……

A. キャンプで使うために携行しているなら法律違反にはなりません。

　危険度が高い大型ナイフに限らず、キャンプなどで使い勝手の良い多機能ナイフも正当な理由がなく携帯していると法律違反になる可能性があります。刃渡りが6cmをこえるナイフなら銃刀法違反、刃渡りが6cm以下なら軽犯罪法で使用目的が明確でない刃物を所持することが禁止されているからです。

　キャンプでは料理などをすることが前提になりますので、多機能ナイフを携行する正当な理由に該当します。ただし、明らかにキャンプなどと無関係にナイフを携行している場合には、無用の嫌疑を受ける可能性があります。トラブルに巻き込まれないためにも、目的地に着くまではナイフはキャンプ道具と一緒にしまっておきましょう。

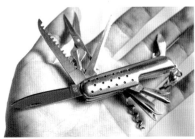

便利な多機能ナイフだが、理由なく持ち歩かないようにしたい

43

バックカントリースキー・スノーボードをするときに気をつけたい条例やローカルルール

　山でバックカントリースキーやスノーボードを楽しむ場合、谷川岳などの一部の山岳エリアを除いて法律での規制はない。ただし、スキー場内でのアクティビティに比べて遭難や事故のリスクが高いため、経験や装備には十分な配慮をする必要がある。それに加えて、「雪崩防止のため、一斉に斜面を滑走してはならない」、「万が一のために登山届を必ず提出する」などの基本的マナーも知っておきたい。

　また、安全を確保するためにスキー場によってローカルルールが定られており、それを守ることも大切だ。たとえば、北海道のニセコでは下記の6つのルールがニセコ町のウェブサイトに明記されている。

1、スキー場外へは必ずゲートから出なければならない。

2、ロープをくぐってスキー場外を滑ってはならない。

3、スキー場外では、安全に滑走するために、ヘルメットと雪崩ビーコンの装着が最低限必要と考える。

4、ゲートが閉じられているときはスキー場外に出てはならない。

5、立入禁止区域には絶対に入ってはならない。なお、捜索救助と調査活動は除外される。

6、小学生のみのスキー場外滑走を禁止する。

　上記のルールに違反すると、リフト券の没収、販売停止などでスキー場利用を拒否される場合がある。さらにスキー場外で遭難した場合、捜索費用（最低10万円）が請求されることも記されているので注意しよう。

現状では規制は少ないが、ローカルルールを設定している所も増えてきた

Q1. スキー場のゲレンデ以外を滑ると法に触れてしまうことがあると聞きましたが、本当ですか?

A. 一部の危険な山岳エリアを除いて、法律違反にはなりません。

【法律に違反する場合】

スキー場が管理しているエリア外のフィールドを、スキーやスノーボードで滑ることを禁止している法律は基本的にはありません。ただし、谷川岳、劔岳などでは危険エリアを設定し、山岳遭難を防止する条例によって、冬季の入山を自粛するように呼びかけています。このような山岳地帯でバックカントリースキーをする場合は、危険エリアと自粛期間を事前に調べる必要があります。

また、野沢温泉村では、スキー場の管理区域外で遭難して救助された場合、捜索救助費用を弁償することを定めた「野沢温泉村スキー場安全条例」が2010年から施行されています。

【守るべきローカルルール】

基本的にバックカントリースキーは、ゲレンデとは違って雪崩や道迷いなどのリスクがあるので、自己責任で行動する必要があります。しかし、だからと言ってスキー場が立入禁止にしているエリアに入ることはNGです。立入禁止とするからには、雪崩が多発するなど理由があるから

です。とくにニセコや白馬、妙高などバックカントリースキーヤーが多いエリアでは、「スキー場エリア外へは必ずゲートから出なければならない」、「スキー場エリア外へ入山する場合は、必ず登山届を提出する」などのローカルルールが定められています。また、これらのルールではスキー場の管理区域外で遭難した場合、捜索費用は自己負担となります。2014年に妙高の池の平温泉スキー場のコース外で遭難したスノーボーダーは、警察や地元の山岳会などの捜索により3日目に発見されましたが、捜索費用として300万円以上を請求されました。

コース外での遭難費用は自己負担とする場所も増えてきている

山でオフロード自動車・オフロードバイク・MTB・スノーモービルなどをするときに気をつけたい法律や条例

　自然環境が豊かな地域では、オフロード自動車やスノーモービルなどの使用によって動植物の生育環境への悪影響を防止するための乗入れが規制されているエリアがある。自然公園内の特別保護地区、特別地域内の車馬等乗入れ規制地域、原生自然環境保全地域は、道路などを除いて通行ができないことを知っておこう。乗り入れが規制されている乗り物「車馬」は、自動車、オートバイ、スノーモービルなどに加えてMTB（マウンテンバイク）などの自転車も該当する。また、それ以外の地域では法律上の規制はないが、自治体によっては登山道や林道でのMTBやオフロードバイクの乗り入れを禁止しているところが増えてきた。山でのアクティビティの前には、各自治体のウェブサイトで必ずチェックしてみよう。

　MTBやオフロードバイクを楽しめるトレイルを見つけるには、専門ショップのイベントに参加するのがおすすめだ。というのもネットや雑誌には、乗り入れ可能なトレイルの情報があまり公開されていないからだ。これは、あまり人が集まりすぎてトレイルの所有者に迷惑がかかることを避けるなどの理由による。その意味では、専門ショップのイベントなら、経験豊富なスタッフが近所のトレイル事情を教えてくれるので、役に立つ情報を入手できる。ほかにもTwitterやFacebookなどのSNSではMTB好きが仲間を募集していることがある。そういったユーザーにコンタクトをとって一緒に走るのもひとつの方法だ。

ローカルルールで林道や登山道への乗り入れを禁止しているケースもある

Q1. 山の中で、MTBやオフロードバイク、スノーモービルなどで走ってはいけない場所ってあるんですか?

A. 自然公園内では走ってはいけないエリアがあります。

【法律に違反する場合】

　自然公園の特別保護地区と車馬等乗入れ規制地域では、自動車やスノーモービルなどの無秩序な使用が、自然環境に悪影響を与えることから乗り入れが禁止されています。規制の対象となる「車馬」には、スノーモービルやオフロードバイクはもちろん、自転車も含まれているのでMTBもNGです。もし違反すると2022年に改正された自然公園法によって、1年以下の懲役又は100万円以下の罰金に処せられます。

【守るべきマナー】

　規制エリア以外は、法律的には MTBやオフロードバイクで走ることは問題ありません。しかし、登山者を危険な目にあわせたり、登山道を崩してしまうのはマナー違反です。歩行者とすれ違うときは自転車やバイクから降りて待機する、登山道や林道を傷つけないようにするなどの配慮が必要です。

積雪期や悪天候では目印を見落とすなどして規制区域がわかりにくくなるので注意したい

Q2. 登山道をMTBで走っている人がいました。危険だし、あれは違法ですよね?

A. 違法ではありません。

　Q1にあるように自然公園内では、MTBの乗り入れが禁止されているエリアもありますが、登山道自体が通行禁止というわけではありません。ただ、道幅が狭い登山道では登山者とのすれ違い時に危険を感じることも事実。東京都では、自然公園利用ルールで明治の森高尾国定公園・都立高尾陣場自然公園内の登山道への乗り入れは控えることを呼びかけています。

【守るべきマナー】

　日本マウンテンバイク協会（JMA）では、ウェブサイト上でマウンテンバイカーが守るべきフィールド・コードを掲載。マウンテンバイカーと登山者がフィールドを一緒に楽しむことができるように「トレイルからのはみ出し走行の禁止」や「登山者などの歩行者には停車して道を譲ること」などを提唱しています。

その他の山のアクティビティQ&A

Q1. 山で山菜、キノコ、山野草などを採ってもいいんですよね?

A. 許可なく採取することは違法です。

【法律に違反する場合】

　山に自生している山菜やキノコ、山野草は見つけた人のものだと思っている人が多いのではないでしょうか。実は、どんな人里離れた山でも所有者が存在するので、黙認される場合を除いて勝手な採取はできません。森林窃盗罪に問われ、「3年以下の懲役又は3万円以下の罰金」に処されることもあります。さらに採取した場所が、自然公園内の特別保護地区だった場合は、自然公園法違反で「懲役6か月または50万円以下

の罰金」の罰則が適用されることも考えられます。山で山菜やキノコを採る際は、トラブルにならないためにも林野庁の森林管理署や山の所有者に確認をしてからにしましょう。

採集前に、採集可能な場所かどうか確認しよう

Q2. 現地にある自然物を活用するブッシュクラフト。法律的にはどうなの? 白樺の樹皮を剥いで着火剤にしてもいいの?

A. 土地所有者の許可が必要です。

【法律に違反する場合】

　ブッシュクラフトとは、ナイフなど最低限の道具だけ用意し、フィールドにあるものだけを使って野営などをするアウトドアスタイルのこと。火を起こすときも普通のキャンプのように市販の炭などは使わず、薪や着火剤も現地調達し焚き火をするのが基本です。リアルに自然を体感できることで人気のブッシュクラフトですが、フィールドで実践する際は

土地の所有者に許可を取る必要があります。勝手に他人の土地に入って野営や焚き火をすると不法侵入とみなされることがあります。また、自然公園の特別保護地区では、「木竹の損傷」として法律違反になる可能性もあるので注意しましょう。

【守るべきマナー】

　また、許可を得ても自生している樹木の皮を剥ぐのは環境破壊につながるので絶対に止めましょう。

Q3. 林道のゲートに車両通行禁止って書いてあったのですが、歩きやMTBで通るには問題ないですよね?

A. MTBは車両に含まれるので通行できないことがあります。

林道とは、森林の整備・保全を目的として整備された道路のことですが、山村地域の交通路やレクリエーションのためにも使われることがあります。そのなかでも、都道府県の公安委員会が道路の状況等によって車両通行禁止とした林道については、道路交通法が適用されます。その場合、車両とは自動車・原動機付自転車・軽車両のことを指しており、軽車両には自転車が含まれるのでMTBは通行できません。

その一方で、林道を徒歩で歩くことを規制している法律はありません。

しかし、歩道がない場所を事業用の大型トラックが通過するなど危険なこともあります。また、林道自体に土砂崩れが起きて、車両の通行を禁止していることもあります。登山などのアプローチとして通行する際は、くれぐれも注意が必要です。

もし車両通行止めの場所を徒歩で通行する場合は細心の注意を払おう

Q4. 山で狩猟をしているハンターに会いました。国立公園の中だと思うのですが、あれは違法ではないんですか?

A. 国立公園内でも狩猟や捕獲が行われる場合があります。

一般的に野生の鳥獣は「鳥獣保護管理法」によって保護されていて、どんな場所でも許可なく捕獲することはできません。ただし、ルールに従って行われるケースや増え過ぎると生態系に影響を及ぼすものなどは、捕獲をすることが認められています。

国立公園内の特別保護地区では、動物の捕獲、殺傷等に許可が必要であり、特別地域では指定された動物の捕獲、殺傷等に許可が必要です。

なお、狩猟期間は登山道から外れて歩くと、狩猟動物と誤認される可能性がありますので、目立つ色のウェアを着るなどしてリスクを減らしましょう。狩猟ができるエリアについては、毎年情報が更新されており、各都道府県のウェブサイトで閲覧・ダウンロードすることができます。

Q5. 山の景色を撮影するためにドローンを勝手に飛ばしたら違法ですか?

A. ドローンを山で使うにはさまざまなルールを守らなくてはいけません。

【法律に違反する場合】

　ドローンを飛ばす上で最も大切なことは、衝突や落下による事故を防止することです。そこで、航空法では①空港等の周辺空域、②緊急用務空域、③150m以上の高さの空域、④人口集中地区の上空でドローンを飛行させる場合には、国土交通大臣の許可が必要であると定めています。さらに、夜間飛行の禁止、目視外飛行の禁止など飛行方法についても航空法の規制があります。詳しくは「航空法 ドローン」で検索し、国土交通省の「無人航空機の飛行ルール」をチェックしてみましょう。

　また、飛行高度が150mを超える場合は、航空事務局への申請と航空交通管制部への連絡も必要です。方法は個人のウェブサイトなどで詳しく解説しているものがありますのでネットで検索してみましょう。さら

手軽に綺麗な景色が撮れるドローンだが、使用には決まりごとも多い

に、2022年6月からは、改正航空法によって機体本体およびバッテリーの重量が合計100g以上のドローンを飛ばすときは、国土交通省への登録が義務化されました。これに違反すると「1年以下の懲役又は50万円以下の罰金」という罰則があります。

　これらの基本を守った上で、ドローンを飛行させる場合、原則として飛行エリアの土地所有者の許可が必要です。山の場合は、土地所有者が禁止を明示していなければ、黙認されていることが多いでしょう。なお、ドローンに限らず、パラグライダー、ハンググライダー、ラジコンなどでも同様です。

【守るべきローカルルール】

　自然公園（国立公園・国定公園・県立自然公園）の一部の山域では、ドローンを飛ばすことに対して、騒音や野生動物への悪影響、落下事故などが懸念されています。このようなエリアでは、ドローン飛行についてのガイドラインが設定されていることがあるので、国立公園なら自然環境事務所に、国定公園と県立自然公園なら都道府県の担当部署に、事前に確認をしてみましょう。

第3章

川や湖沼で行う
アクティビティに
かかわる法律や
条例

川や湖沼で行うアクティビティにかかわる法律や条例概論
釣り
カヌー・SUP・ボートなど
河原や河川敷でのキャンプ・焚き火
川や湖でのその他のアクティビティ

川や湖沼で行うアクティビティにかかわる法律や条例概論

　河川や湖沼などの淡水域では、魚類をはじめ動植物の捕獲・採捕（釣りやガサガサなど）、親水性レクリエーション（カヌー、SUP、ボートなど）、河川敷での運動や滞在を楽しむもの（ランニングやキャンプなど）と、実に多様なアクティビティが楽しまれている。

　フィールドの形態がさまざまなだけに関係する法律も多岐にわたるが、大きく①河川利用に関する法律、②水上交通に関する法律、③生物採集に関する法律に分けられる。なお、川や湖沼で釣りをするときにかかわる法律は、別途P.56から詳しく説明する。

　また、海とは異なり、淡水域の活動エリアには私有地が含まれるケースがある。何らかのアクティビティを地主の許可なく行うと、不法侵入（軽犯罪法違反）と見なされる危険があり、田畑などを踏み荒す、池で飼っている魚を釣るなどの行為は器物損壊罪（刑法261条）や窃盗罪（刑法235条）に問われ、損害賠償を請求されかねないことをまず押さえておこう。

河川周辺はさまざまなアクティビティが楽しめる場所だけに、関係する法律も多岐にわたる

【河川およびその周辺の利用に関する法律】
河川法

［ダメなこと］治水・利水・河川管理上の支障をきたす行為、長期的な占有、工作物の設置、取水、航行禁止区域での船舶の操縦など

　そもそも河川は国民共有の財産であり、個人が一定の範囲内で自由に利用することが原則的に認められている。とはいえ、流れを妨げるなどの治水や利水の支障となるような行為は制限され、無許可で河川・河川敷の一部を長期的・排他的に占有したり、営利目的で使用したりすることはできない。たとえば、河川敷でのイベント（釣り大会など）の開催や、工作物の設置を行いたい場合なども河川管理者の許可が必要となる。

河川は下表のように区間によって管理者が異なる。一級河川の直轄管理区間は国土交通省の地方整備局、都道府県知事が管理者の場合は出先事務所などが河川使用の申請窓口になる。許可が必要かどうか迷った場合、管理者が開設しているのウェブサイトで調べるか、電話して訊いてみよう。中には「判断フロー」を公開している管理者もあり、具体的な相談にも応じてくれるはずだ。

また、河川管理者が船舶の運航について、徐行区域や航行禁止区域の設定や、夜間航行禁止などの制限を定めている場合がある。

☑釣り用の足場や小屋を作るなど、河川の特定の場所を継続して占有する行為には河川管理者の許可が必要。違反すれば強制撤去される場合もある。

☑河川敷の公園やグラウンドなどを占有する場合は、別途公園やグラウンドの管理者への許可が必要になる場合もある。

☑営利を目的とした無許可占有は一時的であっても不可。

☑砂利やヨシなどの植物を勝手に採取した場合、違法行為と見なされる可能性がある。

川の管理区間と河川管理者の対応表

川の管理区間		河川管理者
一級河川	直轄管理区間	国土交通大臣
	指定区間	都道府県知事
二級河川		都道府県知事
準用河川		市町村長
普通河川		地方公共団体、市町村長

河川よりも小規模な水路は原則として市町村長が管理している

> 河川の名前　河川法　許可行為　🔍検索

自然公園法　☞P.10

[ダメなこと]　規制区域内での植物の伐採、地形の変更、工作物の設置、ゴミのポイ捨て、特別保護地区内での無許可での動力船の利用など

自然が豊かで景観に優れた河川や湖沼は、国立公園や国定公園、あるいは都道府県立自然公園内に含まれていることもある。こうした場所では自然公園法の地域区分に応じて規制があり、「特別保護地区」や「特別地域」では植物や土石などの採取や土地の形状変更といった行為が厳しく制限される。一方、比較的規制のゆるい「普通地域」には釣りや親水性レクリエーションの人気スポットとなっている例も少なくない。

もともと自然公園法の保護対象は「風景地」であり、捕っても景観を損ねることのない水中の魚などの採集行為は規制対象外(特別地域と海域公園地区、環境大臣の指定地域を除く)だ。ただし、自然公園法以外で規制がかかっていることも多いので注意したい。

いずれにせよ、何らかのアクティビティの遂行に付随して下記のような行為

が行われた場合には自然公園法に抵触する可能性があるため細心の注意が必要だ。（詳細は P.10 参照）

☑特別地域や特別保護地区では、釣りのポイント整備などのために樹木や水草などの伐採・損傷、あるいは植栽はできず、土を削ったり石を動かしたりするのも NG。

☑自然公園法では対象外となる水中の魚は、漁業調整規則や遊漁規則など別の法令の規制対象となっていることが多い。（詳細は P.56 参照）

> 自然公園法　地域区分　河川や湖沼名　🔍検索

【水上交通に関する法律】

水上安全条例・その他の水上オートバイなどの航行の規制に関する条例

　水難事故の防止や遊泳者の安全確保などを目的に、自治体が水上交通のルールを定めた条例。自治体全域を対象とするものと、特定エリアを対象とするもの（滋賀県琵琶湖等水上安全条例など）があり、利用実態と周辺環境に即し、小型船舶運航上の遵守事項や酒気帯び・酒酔い操縦、危険操縦などの禁止行為を定めている。独自に罰則規定を設けている自治体もあり、たとえば東京都水上安全条例の規定では、危険操縦禁止違反者には3か月以下の懲役又は50万円以下の罰金が科される。

　近年、水上オートバイやジェットスキーなどの危険運転による事故がたびたび報道され、水上利用の秩序確立を求める声が高まっている。2022年には、兵庫県明石市が「明石市水上オートバイ等の安全な利用の促進に関する条例」を、和歌山県が「和歌山県水上オートバイ航行の適正化に関する条例」を制定するなど、新条例の制定や既存条例の改正が各所で行われている。

☑水上での危険行為に対しては、自治体から国に規制・罰則の強化を求める声もあり、厳罰化の流れにある。

ダムの場合、管理者がボート類の使用禁止や進入禁止エリアなどを定めているケースもある

> 都道府県名　水上安全条例　禁止行為　🔍検索

【生物採集に関する法律】

淡水の生き物の一部には、その希少性や生態系への影響などを鑑み、法で取り扱いが厳しく制限されるものがある。ここでは生物種や地域別に採集や移動などの規制を定めた代表的な法律・条例として以下の4つを紹介する。P.56以降の水産資源保護に関する法律と合わせて覚えておこう。

法律の規制対象は希少種のみに限らず、ウシガエルのようにたくさんいる種の場合もある

文化財保護法・文化財保護条例　☞P.8

特定の希少種を特別天然記念物および天然記念物に指定し、その保全を図る。国の天然記念物には種指定・地域指定の2パターンがあり、都道府県や市区町村が文化財保護条例に基づき指定する場合もある。これらは触れることすら禁止されており、採捕はもちろん、売買や譲渡、無許可飼育も違法行為となる。

生物種名　天然記念物	🔍 検索

種の保存法　☞P.20

絶滅のおそれがある国内外の野生動植物の保全を目的とする。国内希少野生動植物種に指定された生物は採捕や殺傷ができず、生体や加工品の売買・譲渡・広告なども禁止されている。なお、2017年の法改正では「特定第二種」という販売・譲渡を目的とした場合に採捕や陳列・広告が禁止されるカテゴリーが新設されている。

生物種名　種の保存法	🔍 検索

外来生物法

生態系や人の生命・身体、農林水産業への被害をもたらす懸念がある生物を特定外来生物に指定し、その取り扱いに厳重な制限を課す。特定外来生物の採捕や食べること自体には規制はないが、「生きたまま移動させる」ことが原則として禁止されるため、無許可での生体の飼育や放流、売買などは行えない。

生物種名　特定外来生物	🔍 検索

自治体の生物保護条例　☞P.18

魚類や水生昆虫を含む希少野生動植物種の保護を目的として条例を制定している自治体がある。現在、20以上の都道府県が希少種の保護条例を設けており、採捕・採集、譲渡・売買などに関する独自の規制を定めている。市町村レベルで保護条例を制定するケースもあるため、随時最新の情報を知っておこう。

都道府県名ないし市町村名　生物種名　生物保護条例	🔍 検索

川や湖沼で釣りをするときに
気をつけたい法律など

　川や湖沼の釣りに関する法規制に全国一律のものは少なく、各地の環境に応じて禁漁期や禁漁区などを設定する都道府県別の規則が多い。淡水域の釣り場の管理を主に担うのは、各地の内水面漁業協同組合。漁業権が設定されたエリアで遊漁（非営利目的での水産動植物の採捕行為）を行う際には、漁協の定めたルール（遊漁規則）を守る必要がある。また、同じ河川であっても管轄漁協が分かれ、規制内容が異なる場合があることを覚えておこう。

水産資源保護法

［ダメなこと］爆発物や有毒物の使用による水産動植物の採捕、許可を受けない保護水面での採捕、サケの採捕など

　水産資源の保護培養と漁業の発展が目的。生物採捕に関する全国的な禁止規定を定め、この法律に基づき魚類の産卵や生育のための保護水面が設置される。
☑水産資源保護法第28条の規定により内水面でのサケの採捕は農林水産大臣または都道府県知事の許可を得ない限り行えない。
☑一部の河川ではサケの調査捕獲が実施されており、調査従事者として許可を得て釣りができる場合もある。

| 都道府県名　保護水面　　　🔍検索 | サケ　河川名　調査捕獲　　🔍検索 |

漁業調整規則

［ダメなこと］禁漁区での遊漁、禁漁期の遊漁、禁止漁具・漁法の使用など

　漁業法および水産資源保護法に基づき都道府県ごとに決められ、内水面すべての公共水面に適用される。河川とつながった水路や川の最上流部なども適用範囲に含まれる。魚種やサイズ別の採捕の可否、禁漁区間、禁漁期間、漁具・漁法などに関する規制と罰則を定めているが、都道府県境をまたぐと内容がガラリと変わることもある。
☑禁漁区や禁漁期については立て看板などで周知されていることが多い。
☑規制の詳細は都道府県の水産部局に尋ねるか、インターネットで調べよう。

| 都道府県名　漁業調整規則　　🔍検索 |

内水面漁場管理委員会による指示

[ダメなこと] 禁漁区での遊漁、禁漁期の遊漁、禁止漁具・漁法の使用、魚種別の体長制限、特定魚種の再放流禁止など

　都道府県ごとに設置される内水面漁場管理委員会が、期間を定めた上で採捕のルールや魚の取り扱いに関する指示を行う。特定外来生物の再放流禁止や、コイヘルペス病のまん延防止対策のための措置などを指示している場合がある。

　都道府県名　内水面漁場管理委員会指示　🔍検索

遊漁規則

[ダメなこと]その漁協が管理するエリア内における禁漁区での遊漁、禁漁期の遊漁、禁止漁具・漁法の使用、遊漁料未納など

　漁業権とは「一定の水面で特定の漁業を一定期間排他的に行う」権利のこと。内水面での釣りに最も関わりが深いのが第5種共同漁業権で、イワナやヤマメなどの渓流魚、アユ、コイ、ワカサギなど、さまざまな魚種が対象だ。この第5種共同漁業権の免許を受けた内水面漁業協同組合が、都道府県知事の認可のもと、一般の釣り人などによる漁業権対象種の採捕に関するルール＝遊漁規則を定めている。具体的には遊漁料の規定や釣りができる期間（時間）、禁漁区・保護区の設定、釣り具や釣法に関する制限などが決められている。なお、北海道では漁業権が設定されていない河川も多い。そのような場合は自治体の規則により定められたルールを守る必要がある。

☑同じ一本の河川でも管理している漁協により規則が異なることがある。

☑独自に禁漁区や保護区を設け、特定の魚種や期間のみ禁漁とする漁協もある。

☑使える竿の本数や仕掛け、エサなどが制限されることがあり、特定の釣法が優先的に行えるエリア（フライ専用エリアなど）が設定されている場合もある。

☑釣りができる時間が制限され、夜釣り禁止となっている釣り場も少なくない。

禁漁区間や禁漁期、制限サイズなどは看板などで明示されていることも多い

　釣り場の名前　遊漁規則　🔍検索

【遊漁券について】

　内水面漁協が発行するもので、「遊漁券」「釣り券」「鑑札」など呼称はさまざまだが、「遊漁承認証」と書かれているケースが多い。漁協の管轄エリア内で釣りを行う際には購入して常に持ち歩き、監視員の求めに応じて提示しなければならない。第5種共同漁業権の免許を受けた漁協にはその対象魚種の増殖義務が課せられており、漁場を利用する遊漁者から増殖費用として妥当な額を徴収するという仕組み。購入や携行・提示を拒否した場合は釣りをすることは認められず、悪質な場合には密漁者として通報される可能性もある。

☑遊漁券は事前に漁協事務所や地元の釣具店などで購入するか、釣り場を巡回する監視員から現場購入する。

☑アユ券、ヤマメ・イワナ券、雑魚券（コイやフナ）など、魚種別に設定されていることが多い。

☑1日券のほか、年券やシーズン券といった一定期間を通じて有効なものがある。

☑県内共通遊漁券が発行されている地域もあり、複数の河川やエリアをまたいで釣りをしたいときなどに便利。

☑遊漁券のデジタル化が進んでおり、スマホでの購入・携行・提示が可能な漁協も。

外来生物法　☞P.55

[ダメなこと] 特定外来生物を生かしたままの移動、放流、飼育など

　釣り人による水域をまたいだ外来魚の放流が社会問題化し、現在では生体の取り扱いに厳しい規制が敷かれている。

☑許可なく特定外来生物を河川や湖沼に放流すると、個人には3年以下の懲役若しくは300万円以下の罰金、法人には1億円以下の罰金が科される。

外来生物の取り扱いに関する地方条例

[ダメなこと] 釣り上げた外来魚のリリース

　外来生物法にはいわゆる「キャッチ＆リリース」に関する規制はないが、上記の内水面漁場管理委員会による指示のほか、条例で禁止されている自治体やエリアがある。たとえば、滋賀県では「滋賀県琵琶湖のレジャー利用の適正化に関する条例」により、レジャー目的で採捕した外来魚の再放流が禁じられている。

☑特定の湖のみリリース禁止の適用除外とされている県もある。

都道府県名　キャッチ＆リリース　🔍検索

Q1. 川や湖沼の魚や生き物は自由に釣ったり、とってもいいの？

A. 場所や時期などの条件によって「自由度」は大きく異なります。

【法律に違反する場合】

　禁漁区や立ち入り禁止指定エリアでの釣りや採集は不可能です。河川や湖沼での採捕に関する禁止行為および罰則は各都道府県の漁業調整規則に定められています。違反者は6か月以下の懲役若しくは10万円以下の罰金に処される可能性があります。

　漁業権が設定されている魚を釣る場合、漁協や指定の取扱場所で遊漁券・遊漁承認証を購入する必要があります。遊漁料を現地徴収している管理者もありますが、釣りの前に購入するのがマナー。ちなみに釣果の有無やリリースするしないは関係ありません。

　捕獲が厳禁である天然記念物や国内希少野生動植物種、また地域指定の天然記念物や条例で保護される種もあり、ウグイなどの一般的な種類でも特定の水域では漁獲・採集が違法にあたる場合も。渓流魚やアユ、ワカサギなど禁漁期が長い魚種もあり、産卵期などに限り一部エリアが禁漁となる釣り場もあります。

　また、遊漁規則などで漁具・漁法、すなわち使用できる釣竿の本数や仕掛け、エサなどが制限されることも。特定外来生物のリリースを条例で禁止している自治体やエリア（滋賀県、佐賀県、熊本県江津湖など）も存在します。

　近年、密漁に対する厳罰化が進み、2018年の漁業法改正に際し、最大で3年以下の懲役又は3000万円以下の罰金に処されることになりました。これは「特定水産動植物の採捕」に適用されるものですが、2023年12月以降は河口部や湖沼などにも生息するシラスウナギ（ウナギの稚魚）も対象となりとくに注意が必要です。禁漁対象魚が釣れる可能性の高いポイントや釣法をあえて選ぶなど、密漁を疑われる紛らわしい行為はやめましょう。

同じ川でも、上流と下流で規制が異なることも。漁協や近在の釣具店などでルールを確認しておこう

Q2. 禁漁区でなければ、釣りはどこでやってもいいんだよね？

A. 釣りNGの場所は実はたくさん存在します。

【法律に違反する場合】

まず、釣り場が私有地に含まれる場合、地主の許可なく魚を釣ることは窃盗に当たり、所有者や管理者が設置した柵や金網を乗り越えているのが見つかれば軽犯罪法違反に問われる可能性もあります。ポイントへの往来のために勝手に他者の敷地内を通過すれば不法侵入と見なされ、田畑や牧草地などを踏み荒らせば損害賠償を請求されかねません。

漁業区だけでなく、水産動物の産卵や稚魚の生育を目的とし、水産資源保護法により「保護水面」に指定されたエリアでも釣りはできません。対象魚およびエリア、期間は水面ごとに定められ、罰則規定もあります。たとえば大分県の場合、内水面では大野川、番匠川、大分川の一部水域が、特定の期間中、全ての水産動植物を対象とする保護水面に指定され、釣りを行った場合は6か月以下の懲役若しくは10万円以下の罰金、又はこれを併科されます。

【ローカルルールと守りたいマナー】

機場や水門、堰の周辺、排水路なども釣り禁止の場合がよくあります。落水の危険性が高く、遊漁者の故意および過失で設備損壊を招く恐れがあるからです。公園内の池などでも、利用者の安全確保の観点から釣り禁止エリアの設定や特定釣法（投げ釣りやルアーの使用など）が禁止されているケースがあります。

また、農業用ため池や用水路の多くは地元の水利組合や自治会が管理しており、農作業の邪魔、ゴミのポイ捨てなどが原因で「釣り禁止」の立て札が設置される残念な例が後を絶ちません。早朝や深夜など、車のエンジン音やドアの開け閉め、釣り人同士の会話が騒音となることも。常に釣り場周辺の住民感情に配慮した行動を心がけましょう。

初めて訪れた釣り場では、周囲に禁止行為を示した看板などがないか探してみよう

Q3. 川や池に釣り用の足場を設置している人がいます。あれは違法じゃないの?

A. 公共用水域に勝手に工作物を設置することは河川法違反に該当します。

【法律に違反する場合】

最近、釣り人が木材や鉄パイプなどで作った釣り台や桟橋を水辺に固定し、事実上独占している様子がよく報道されます。これらは河川敷の畑や小屋と同様、不法占有物件であり、管理者の自主撤去の呼びかけに応じなかった場合、河川法第75条第3項の規定により強制撤去の対象となり得ます。

実際、埼玉県と東京都を流れる荒川などでは、国土交通省が所有者不明の釣り台や桟橋を撤去する簡易代執行をたびたび実施。なお、撤去物件の所有者が判明した際には作業にかかった費用が請求されます。

「違法釣り台」にはゴミの滞留などの悪影響が指摘されている　写真提供／荒川上流河川事務所

Q4. ポイントやアクセスルート整備のために、草木や藻を刈ったりしてもいいの?

A. 場所と「やりすぎ」には注意が必要です。

【法律に違反する場合】

自然破壊に繋がらない範囲で草木や藻などを刈り、ポイントやアクセスルートを整備・改変することはよく行われています。しかし、私有地内で許可なく行なえば、器物損壊罪に該当する可能性もあります。

自然環境保全地域では特定植物の無許可採捕が禁じられ、自然公園法の対象エリアでは改変行為は原則的にできません。国立・国定公園内の特別保護地区はとくに規制が厳しく、水辺の小石ひとつ持ち出すのも原則として禁じられています。

水位や水量に増減を及ぼす行為(水路の設置や大きな穴を掘ることなど)もNG。農業・工業用水となっている河川やダムなどで、釣り人の都合で水路を閉塞させたり貯水を流出させた場合、刑法123条の水利妨害罪及び出水危険罪に問われる可能性があります。

Q5. 偶然、絶滅危惧種が釣れて・捕れてしまったのですが、どうすればいいですか?

A. 天然記念物や希少野生動植物種の場合、キープせずにすぐに水中に戻しましょう。

【法律や条例に違反する場合】

もし天然記念物や国内希少野生動植物など採集が禁じられている水辺の生き物を意図せずキャッチしてしまったら、可能な限り速やかに水の中に戻してあげましょう。ほんの数秒であってもバケツやビクなどには入れないように。陸上や手に置いて撮影し、SNSなどにアップするのも厳禁。こうした行為が発覚すれば、逮捕・起訴される恐れがあります。

ただし、一口に「絶滅危惧種」と言っても、レッドリストへの掲載だけでは、ただちに法令によって採集禁止となるわけではありません。文化財保護法・文化財保護条例に基づく天然記念物や、種の保存法における国内希少野生動植物種ないし国際希少野生動植物種に加え、各都道府県の条例で採集などが禁止されてい

ないかどうかをしっかりと確かめましょう。さらに、複数の法令で指定されている生物（アユモドキ、オオサンショウウオなど）も存在します。仮にこれらを捕獲・飼育などした場合、同時に複数の法律を犯すことになるのです。

【知っておきたい知識】

各機関のレッドリストは、法規制対象とするか判断するための科学的根拠として活用されていますが「絶滅危惧種」として掲載されただけで捕獲や採集が違法になるわけではありません。たとえば、国際自然保護連合（IUCN）は2014年以降、ニホンウナギを絶滅危惧IB類に指定しましたが、漁業法など一部の規制を除いて国内での釣りや漁は現在も合法として行われています。

あらゆる機関のリストを参照し、関係法規を覚えるのは容易なことではありません。少なくとも自分が狙いたい水域に生息する生物については、環境省や自治体、漁協のウェブサイトなどを参考に知っておきたいものです。

思いがけず法律や条例で保護されている種が釣れたら、魚体を痛めないようすぐに逃がそう

Q6. 釣り上げた外道（目的外の魚）を陸上に投げ捨てている人を見かけたけど、これって犯罪じゃないの？

A. 法律の定義上は不法投棄にあたる可能性が大です。

外道が釣れ続くと、ストレスや怒りを感じて陸上に放り投げてしまう人もいるようです。その魚を狙っている釣り人にとっては非常に腹立たしく、何より非衛生的で、やがて強烈な悪臭が漂い不快極まりありません。しかし、外道の扱い方は単にモラルやマナーにとどまる話ではありません。れっきとした犯罪になり得るのです。

投げ捨てた魚を放置すれば、いずれ絶命するのは言うまでもないこと。「廃棄物の処理及び清掃に関する法律（廃棄物処理法）」の定義では、「動物の死体」は廃棄物扱いとなり、死んだ魚もこれに含まれます。同法16条は「何人も、みだりに廃棄物を捨ててはならない」としており、法で定められた処分場以外の場所に釣った魚を遺棄するのは紛れもない違法行為です。魚を土手に放り投げた瞬間を警官に目撃されたり、第三者が動画に収めて通報したりすれば逮捕される可能性も……。なお、同法25条は個人による不法投棄に対し、「5年以下の懲役若しくは1000万円以下の罰金に処し、又はこれを併科する」と規定しています。

釣果の扱いに起因する悪臭で近隣住民の健康を害した場合、損害賠償その他の法的請求が認められる可能性も考えられます。魚の投げ捨ては絶対にやめましょう。

また、故意であれ偶然であれ、死なせてしまった魚を水中に戻す行為も違法行為と見なされます。死魚は持ち帰って食べるか、家庭ごみとして処分するのが正しい方法。海釣りなどでは鮮度を保つため、その場で釣った魚を締めることがありますが、この際に処理した内臓や鱗を水に流すのも廃棄物処理法違反となります。これは淡水域であっても同様。ちなみに余ったエサを水中や陸上に投げ捨てる行為も厳密には不法投棄に該当します。

釣れた外道がブルーギルなどの場合、外来魚回収ボックスに入れる方法もある

Q7. 釣れたオオクチバスやブルーギルを家で飼ってもいいの?

A. 生きたまま運ぶことも飼育も違法行為です。

【法律に違反する場合】

　2005年に外来生物法が施行されてから「特定外来生物」に指定されている生物は増え続け、2023年3月現在、魚類で指定されているのは26種類（科単位での指定も含む）。このなかには、カダヤシ、ブルーギル、オオクチバスなど、身近な水辺に多く生息している魚も含まれていますが、すべて無許可飼育が禁止されています。なお、個人に対する許可のハードルは極めて高く、学術研究などを目的として認められるケースがあるくらいで、実質的には不可能でしょう。

　仮に釣ったオオクチバスやブルーギルを生かしたまま持ち帰り、愛玩目的、つまりペットとして飼っていたことが判明すれば、「1年以下の懲役若しくは100万円以下の罰金」

が科されます。販売・配布目的や虚偽・不正申請による飼育は罰金などの刑罰がより重くなり、法人による違法飼育は罰金が「1億円以下」ないし「5000万円以下」と一気に跳ね上がります。

　個人の検挙例として、2015年には無許可でオオクチバス18匹とブルーギル8匹を滋賀県大津市のホテルの屋外プールで飼育していた男性が摘発されています。当時この人物はバス釣りのガイドを生業としており、他の釣り人のお手本として率先してルールを守るべき立場の人に遵法意識が足りなかったのは残念です。

【知っておきたい知識】

　特定外来生物を捕獲することや食べることは禁じられていません。オオクチバスもチャネルキャットフィッシュも、もともと食用目的で海外から持ち込まれた魚。料理法によっては美味しく食べられます。ただし、必ず捕獲した場所で魚を締め、完全に絶命させる必要があります。瀕死であっても、まだ息をしている状態でクーラーやバケツに入れて移動すれば、その時点で法に反したことになるのです。

メダカそっくりのカダヤシも特定外来生物。メダカと間違えて違法な飼育をしていた!　とならないように気をつけよう

Q8. 増殖や釣り場環境の維持のため、近所の川や池に魚を放流したいのですが、問題ありませんか?

A. その魚が特定外来生物なら、放流は違法です。

【法律に違反する場合】

　特定外来生物は外来生物法で「生きたまま移動すること」が禁じられており、釣り場をまたいでの放流は厳禁。許可なく湖沼や川などに特定外来生物を移動させた場合、個人では「3年以下の懲役若しくは300万円以下の罰金」、法人では「1億円以下の罰金」が科されます。

　2009年8月には、大阪府在住の男性が奈良県のダムで釣ったオオクチバス2匹をクーラーボックスに入れ、生かしたまま運んだ容疑で逮捕されました。この他にも、釣り人の手による外来種密放流の問題は今日まで
たびたび報じられています。

　他方、漁協の管理のもとに合法的にオオクチバスの放流が行われている釣り場も。神奈川県の芦ノ湖、山梨県の河口湖、西湖、山中湖の4つの湖です。逆に言えば、日本ではこれら以外の水域での特定外来生物の放流は一切認められていません。

特定外来生物のオオクチバス。貪欲な肉食魚で侵入先の水生生物を食べてしまう　写真／環境省

Q9. 特定外来生物でないコイ、ヘラブナなどは、勝手に放流しても違法じゃないよね?

A. 条例で禁止されている場合があります。法的に問題ない場合でも個人での放流は避けましょう。

　外来魚やフィッシュ・イーター(肉食魚)ではない魚種であっても、みだりに他水域に移動・放流することには危険が伴い、制限されていることも。たとえば、感染症(コイヘルペスウイルス病など)の蔓延防止を目的に生きた個体の移動や放流が禁じられるケースが挙げられます。

　放流個体が新たな病気や寄生虫を
持ち込んだり、これまでと異なる魚種が入り込むことで放流が逆に個体数の減少や生態系の破壊を招く可能性もゼロとは言い切れません。また、地域の固有種との交配によって遺伝子のかく乱などが起き、生物の多様性に影響する場合もあります。個人による放流はたとえ違法でなくても避けるべきでしょう。

川や湖沼でカヌー・SUP・ボートなどをするときに気をつけたい法律など

　河川や湖沼のボートアクティビティは、免許の要不要で2つのタイプに分けられる。モーターボートや水上オートバイなどエンジン付きの船舶を操縦するには、免許を取得しなければならない。それに対し、エンジンのない手漕ぎのカヌーやカヤックは免許不要だ。ただし、①船舶の登録長（概ね全長の9割程度）が3m未満・②モーターの出力が1.5kw（約2馬力）未満・③直ちにプロペラの回転を停止することができる機構を有する船舶、または、その他のプロペラによる人の身体の傷害を防止する機構を有すること、の全てを満たす船舶はミニボートと呼ばれ、免許が無くても操縦できる。

船舶免許の種類

船舶免許の種類	操船できる航行区域	操船できる船の大きさ
1級小型船舶操縦士免許	全ての水域	20t未満
2級小型船舶操縦士免許	平水区域及び海岸より5海里以内（約9km）	20t未満
湖川小出力限定免許	湖・河川及び指定区域	5t未満・エンジン出力15kW未満
特殊小型船舶免許	陸岸より2海里以内（約3.7km）	水上オートバイ（水上バイク）

　基本的に免許不要のカヌーやミニボート、SUP（スタンドアップパドル）を河川や湖で乗る際は、法律の規制は受けない。ただし、河川法に基づき、河川管理者（→P.53）が航行禁止区域・航行規制区域などを設けているところがあるので注意しよう。また、動力船優先、右側通行の遵守、ライフジャケットの着用など一般的な水上交通に関するルールは守る必要がある。

　免許が必要な動力船については、①船舶職員及び小型船舶操縦者法、②自然公園法、③自然環境保全法、④河川法、⑤水上安全条例、⑥環境保全条例、⑦迷惑防止に条例及びプレジャーボートの事故防止条例などの法律の規制がある。

①船舶職員及び小型船舶操縦者法はとその施行規則、船舶の航行の安全を図ることを目的として制定されたもので、酒酔い運転や危険操縦の禁止、ライフジャケットの着用義務などを定めている。2016年には同法の一部改正が行われ、見張りの実施義務違反と発航前の検査義務違反が行政処分の対象となった。さらに小型船舶の事故が多発していることから、2018年にも改正が行われ、原則、小型船舶の船室外に乗船するすべての者に国の安全基準への適合が確認された

ライフジャケットを着用させることが、船長の義務となった。

②自然公園法では、国立公園・国定公園の特別保護地区内における動力船の使用が原則許可制となっている。また、特別保護地区以外でも、動植物の生息・生育環境の悪化防止のために指定されたエリアは車馬等乗り入れ禁止制度により、動力船の乗り入れが規制されている。

③自然環境保全法では、自然環境保全地域内で指定された特別地区における車馬等乗り入れ禁止制度により、動力船の乗り入れが規制されている。

④の河川法では国や自治体などの指定河川管理者が、徐行区域、航行禁止区域、夜間航行禁止などを規定しているところがある。

河川法による航行規制のある主な指定水域

都道府県	航行規制	問い合わせ先
山形県	月山湖湖面利用ルール	国土交通省最上川ダム統合管理事務所
山形県	ながい百秋湖湖面利用ルール	国土交通省最上川ダム統合管理事務所
宮城県	花山ダム通航方法の指定	宮城県栗原地方ダム総合事務所
宮城県	大倉ダム通航方法の指定	宮城県仙台地方ダム総合事務所
東京都	江東内部河川における船舶の通航方法	東京都(建設局河川部)
東京都・埼玉県	荒川における船舶の通航方法のあらまし	国土交通省荒川下流河川事務所
群馬県	草木湖利用ルール	水資源機構草木ダム管理所
新潟県	船舶の通航方法公示後の河川管理について	国土交通省信濃川下流河川事務所
岐阜県	河川管理者の指定する水域及び通航方法の指定(木曽川水系)	岐阜県(基盤整備部河川課)

⑤水上安全条例は、小型船舶が多い河川や湖での水上交通の安全のために地方自治体が制定したものだ。主に海上衝突予防法（P.98参照）に準じる通航方法を定めているほか、それぞれのエリアによって、通航の届け出義務(浜名湖)、水上オートバイの講習義務（琵琶湖）などを規定している。また、東京都水上安全条例のように船舶職員及び小型船舶操縦者法では行政処分の対象である酒酔い運転について、さらに刑事罰（3か月以下の懲役又は50万円以下の罰金）を定めているものもある。

川や湖沼における主な水上安全条例

都道府県	条例名
茨城県	茨城県水上安全条例
栃木県	栃木県中禅寺湖水上安全条例
東京都	東京都水上取締条例
神奈川県	相模湖、津久井湖、丹沢湖、寒川滞水域、社家滞水域、飯泉滞水域等の水域における行為の規制に関する条例
山梨県	山梨県富士五湖水上安全条例
静岡県	静岡県河川管理条例
滋賀県	滋賀県琵琶湖等水上安全条例

⑥環境保全条例は、自然公園法で規制ができない都道府県立自然公園における自然環境保全と住宅地が近接している湖・水路での騒音対策などのために制定されたもの。

主な環境保全条例

都道府県・市町村	条例名
北海道	北海道立自然公園条例
群馬県	群馬県立公園条例
山梨県	山梨県富士五湖の静穏の保全に関する条例
滋賀県	滋賀県琵琶湖のレジャー利用の適正化に関する条例
島根県	島根県立自然公園条例
芦屋市	山梨県富士五湖の静穏の保全に関する条例

⑦迷惑防止条例及びプレジャーボートの事故防止条例などは、プレジャーボートなどの危険行為や酒酔い運転の禁止を規定している。これらの禁止行為については、船舶職員及び小型船舶操縦者法で遵守事項とされ、操縦免許の停止などの行政処分がなされるが罰則規定がない。そこで多くの自治体では、50万円以下の罰金などに加えて、常習者に対する法定刑として懲役刑を規定するなど、厳しい罰則規定を設けている。

プレジャーボートの事故防止に関する条例

都道府県	条例名
北海道	北海道プレジャーボート等の事故防止等に関する条例
岩手県	プレジャーボート等に係る水域の適正な利用及び事故の防止に関する条例
福島県	遊泳者及びプレジャーモーターボートの事故防止等に関する条例
福井県	福井県遊泳者の事故防止に関する条例
京都府	京都府遊泳者及びプレジャーボートの事故の防止等に関する条例
和歌山県	和歌山県遊泳者等の事故防止に関する条例
三重県	三重県モーターボート及びヨット事故防止条例
兵庫県	水難事故等の防止に関する条例
山口県	小型船舶等による危険な行為の規制に関する条例
長崎県	遊泳者、プレジャーボート利用者等の事故防止に関する条例
宮崎県	宮崎県遊泳者及びプレジャーボートの事故の防止に関する条例
沖縄県	沖縄県水難事故の防止及び遊泳者等の安全の確保等に関する条例

Q1. 釣り用ボートやカヌー、SUPで川や湖を移動するときは、自由に移動していいんだよね？

A. 原則としては自由ですが、川や湖によっては航行ルールが定められています。

【法律に違反する場合】

　原則として自由に移動できますが、地方自治体によっては環境保護のために独自に河川や湖の航行ルールを作成していることがあります。たとえば、東京都の荒川と隅田川に挟まれた江東内部河川では、河岸の自然環境を保全するために自然保全区域を設定。区域内では護岸から5m以内については、あらゆる船舶の通行が禁止されています。違反者には警告が行われ、それでも従わない場合は、河川法施行令に基づいて30万円以下の罰金に処せられる可能性もあります。このような航行ルールは、湖や河川によって違うので、事前にネットで検索しておきましょう。

【ローカルルール】

　和歌山県古座川や岐阜県長良川では、釣り客とカヌーイストとのトラブルを避けるために川下りのローカルルールが決められています。これは、釣り客が多い時期に、河川の一部に通行規制をかけるもの。ほかにも全国でローカルルールを設定する川や湖が増えていますので、初めての場所で航行するときは、地元の観光協会などに問い合わせをすると確実です。

【守るべきマナー】

　アクティビティの最中に落水してしまったときに命を救ってくれるのが、ライフジャケットです。2018年2月からは、小型船舶の乗船者全員に着用が義務化されました。なお、小型船舶操縦士免許を必要としないミニボートやカヌーなどの手漕ぎ船は着用しなくても法律違反にはなりませんが、安全に楽しむためには必ず着用しましょう。

SUPやカヌーなどは自由に航行できる場所も多いが、「無動力船」「ろかい船」などの扱いで規制がかかる地域もある

Q2. 自然の川や湖などの公共水域ではいつでも自由にマイボートを出せるんだよね?

A. 基本的に自由に出すことができます。

【法律に違反する場合】

　自然の河川や湖は公共水域なので、原則として届け出不要でボートを出すことができます。ただし、周囲が私有地になっている湖では、管理者の許可が必要なこともあります。まずは、ボートを出す前に自治体の担当部署に事前許可の有無や航行ルールを確認してみましょう。

　なお、山梨県の山中湖と河口湖のように、条例によって動力船を乗り入れる年度毎・湖毎に航行届けの事前提出とステッカーの貼付などを義務付けている場所もあります。もし、違反した場合は5万円以下の過料に処せられます。ちなみに富士五湖のうち2つの湖以外の本栖湖、西湖、精進湖は、自然公園法や自主ルールによって動力船の乗り入れが規制さ

れています。

　また、人造のダム湖では、油漏れなどで飲料水が汚染される可能性があるため、動力船は使用できない場所が多くなっています。カヌーなどの非動力船の場合も許可が必要な場合があります。事前にダムの管理所に聞いてみましょう。

【知っておきたい知識】

　河川は、自分のいる場所で雨が降っていなくても、上流エリアで雨が降っていたりダムの放流などの影響で、いきなり水嵩が増えることがあります。もし、上流側に積乱雲が見えたり雷鳴が聞こえる、普段は流れてこないペットボトルや流木が急に流れてくる、水位が急に低くなったときなど異変を感じたときは、すぐに河川から離れることが大切です。また、草の生えていない河原は増水時に水が流れてくる可能性があります。避難するときは、堤防の上や建物がある場所まで上りましょう。アクティビティの直前には、スマートフォンで河川の状況をチェックし、上流の天気予報も調べると安心です。

琵琶湖などの大きな湖沼の漁港にあるスロープはボートを出すのにもってこいだが、関係者以外使用禁止というケースも多い。使う前に確認をとろう

Q3. エンジン付きのボートは、どこを走らせてもいいんだよね？

A. 河川によって条例で航行ルールが決まっているところがあります。

【法律や条例に違反する場合】

国立公園や国定公園の特別保護地区と車馬等乗り入れ禁止制度では、動力船の乗り入れが禁止されています。該当エリアに関しては、ネットで検索すると調べられますので、事前に確認しましょう。

ほかにも河川法や地方条例によって、各自治体が独自の航行禁止区域や航行ルールを設定しているところがあります（P.67の河川法による航行規制のある主な指定水域、内水面の主な水上安全条例、環境保全条例の表を参照）。こちらはネットにパンフレットがアップされていることが多いので、チェックしてみることをおすすめします。東京都では、一部の水上オートバイなどの利用者による危険・迷惑な航行が問題となっていることから、2018年に水上安全条例を制定し施行。危険操縦や酒酔い操縦の禁止を罰則付きで定めています。2022年には、警視庁大井署が初めてこの条例を適用し、酒を飲んで水上バイクを運転したとして、千葉県の男性を書類送検しました。

なお、航行ルールではありませんが、ボートの係留や出し入れに便利だからと、河川区域内で許可なく桟橋やスロープなどの工作物を設置することは河川法の違反にあたるので、やめておきましょう。

【守るべきマナー】

エンジン付きボートに乗る際は、前述の法令を守ることに加えて、カヌーやSUP、釣り人のボートなどの非動力船の近くを通行するときは、安全に配慮して徐行しましょう。川や湖沼に燃料を流出させないために、水面上での給油や油缶の放置は避けましょう。事故が発生したときは、速やかに管轄の警察や消防などに連絡することも心がけましょう。

基本的なルールは免許取得時に学ぶが、各自治体による航行禁止区域などは自分で情報を得る必要があるのでチェックしておこう

Q4. 釣り人の前をカヌーで通り過ぎたら「こっちは遊漁料を払って釣りをしているんだから邪魔をするな!」と怒られたのですが、法的には問題ありませんよね?

A. 通行した際に釣り人に損害を与えた場合は、損害賠償を請求される可能性があります。

釣りの邪魔をするつもりがなくても、釣り人の近くをカヌーで通行すると過失による法的なトラブルとなる可能性があります。たとえば、川の中に立ち入っている釣り人にぶつかって怪我をさせてしまった場合や、釣り道具を壊してしまった場合などです。

なお、遊漁料は水産資源の増殖費用に充てるためのもので、川でのアクティビティを独占できる権利が与えられるということではありません。だからといって、カヌーなどで釣り人の邪魔をしていいというわけでもないので、お互いに距離を取って楽しみましょう。

【守るべきマナー】

カヌーで釣り人のそばを通るときは「通ります!」や「こんにちは」と自分から挨拶をしてみましょう。人によっては無視されるかもしれませんが、コミュケーションをとるきっかけになることもあります。また、可能なら釣り竿の下を通るよりも後を通った方がよいでしょう。釣り人が瀬の中にいるときは、声をかけても聞こえないことがあるので、笛を吹くことも有効です。いずれにせよ、釣り人とのトラブルを避けるためには自分から挨拶をすることが肝心です。

また、毎年6月頃には全国各地の川で鮎釣りが解禁になります。解禁当初は、鮎を狙う釣り人で川はいっぱいになるので、その時期の川でのツーリングは避けたほうがいいかもしれません。

トラブルの可能性を考えて、むやみに近寄らずお互いに距離を取って楽しむことも重要だ

Q5. カヌーで通るときに邪魔な倒木、ノコギリで勝手に切ってもいいの？

A. 原則として勝手に切ってはいけません。

　カヌーで航行中に倒木で航路をふさがれてしまった場合は、伐採したくなるかもしれません。しかし、基本的には許されないと考えるべきです。

　一般的に、倒木は樹が生えている土地所有者のものなので、倒れているからと勝手に切ってはいけないからです。ただし、何らかのトラブルが発生し、緊急避難的に伐採する場合には違法性がないと認められる可能性があります。その場合は、必ず土地の所有者や管理者に連絡をいれましょう。特にそのエリアが自然公園の特別保護地区・特別地域内のときは、速やか管理者に連絡を入れて事情を説明するのが望ましいです。

Q6. 現地のガイド案内が必要な川があるらしいけど、もし無視して入るとどんな法に触れるの？

A. エコツーリズム推進法で30万円以下の罰金に処せられる可能性があります。

　エコツーリズムとは"ecological"と"tourism"かけ合わせた造語で、自然環境や文化などを対象とした旅行のこと。2008年には「エコツーリズム推進法」が施行され、保護が必要な自然環境を市町村が特定自然観光資源として指定できるようになりました。このようなエリアでは、利用者の人数制限やガイドの同行義務が設定されることがあり、従わない場合は罰則として30万円以下の罰金が科せられます。

　2022年には、大自然の中でカヤックが楽しめることで人気の沖縄県西表島で、この法律に基づいた「西表島エコツーリズム推進全体構想」が国により認定。それに伴ってヒナイ川など島内5カ所の特定自然観光資源では1日当たりの上限人数が設定され、ガイド同伴が義務づけられることになりました。ただし、周知期間があるため運用開始時期は未定となっています。今後、西表島でのアクティビティを計画する際は、最新の情報を確認しましょう。

マングローブ林が美しい西表島のヒナイ川。今後は人数制限に加えて、ガイド同伴が義務付けられる予定だ

河原・河川敷でのキャンプ・焚き火など
を行うときに気をつけたい法律など

　国民共有の財産である河川は、誰でも利用することができ、水泳、ボートなどは、原則として自由にできる。しかし、河川管理者（→P.53）が禁止すると、河川敷などでのキャンプ、バーベキュー、焚き火などを行うことはできない。山岳地帯の沢では、キャンプや焚き火が禁止されていないことがあるが、都会近郊の河川敷では禁止されている場所が多い。また、自治体によっては条例で禁止エリアを定めているので注意が必要だ。とくに最近は、河川敷での火事や水難事故の多発、ゴミの放置などが目立つため、規制を課す自治体が増えてきている。河川でのアクティビティを計画する場合は、事前に目的地の条例をチェックしてみよう。

　また、警察庁によると2021年の水難事故による死者・行方不明者は744人で、このうち河川・湖沼池の死者・行方不明者は306人（41.1％）となっている。川には海のように監視員がいない上、救命ボートなども準備されていないので、事故が起きても救助するのが難しい。河川財団のウェブサイトにある「全国の水難事故マップ」では、2003～2021年の19年間に発生した水難事故、2994件の概要と事故発生地点を調べることができる。川や湖沼でのアクティビティの際は、どんな場所が危険なのかを確認しておこう。

　水や緑に囲まれた河原は、多くの人が訪れる人気のアウトドアフィールドだが、一部のユーザーによるモラルのない行動も目立ってきている。これ以上アクティビティが禁止されるエリアを増やさないためにも下記のマナーを守るように心がけよう。

法律や条例で規制されておらず、河川敷の管理者が禁止していなければキャンプやバーベキューなどができる

①ゴミは燃やさずに必ず持ち帰る、②焚き火可能な河川敷でも直火ではなく焚き火台を使う、③川に入るときはライフジャケットを着用する、④天気が崩れてきたら増水の危険があるので早めに避難する、⑤花火や大騒ぎをして周りに迷惑をかけない。

Q1. 河原や河川敷ではどこでテントを張ってもいいんだよね？

A. 基本的にはOKですが、条例でNGな場所もあります。

【法律や条例に違反する場合】

河川法では、特別に禁止されている区域を除いて河川を誰でも自由に利用することができます。キャンプについても、この自由使用の原則に当てはまります。

ただし、都会近郊の河川敷では管理者がキャンプを禁止していることが多く、また静岡県静岡市（静岡市清流条例）のように一部の自治体では、条例によって河川敷でのキャンプを禁止しているところもあります。出かける前には、念のために自治体の河川管理担当部局に確認してみた方がよいでしょう。また、キャンプはOKでもゴミを捨てると法律違反になります。河川法では、「河川区域内の土地にみだりにゴミ、ふん尿、鳥獣の死体、その他の汚物、若しくは廃棄物を捨てる行為をしてはならない」と定めており、汚物などを投棄した者は、「3か月以下の懲役、又は20万円以下の罰金」に処せられます。加えて、廃棄物処理法（5年以下の懲役もしくは1000万円以下の罰金、または併科）や軽犯罪法（1日以上30日未満の拘留又は1000円以上1万円未満の科料）でもゴミを捨てると処罰されますので、キャンプで出たゴミは家に持ち帰って自分で処分するようにしましょう。

【守るべきマナー】

河川敷では、毎年のように水難事故が起こっています。テントを張るときは、晴れていてもダムの放流などで増水の危険がありますので、中洲や川の近くを避けるようにしましょう。1999年には、神奈川県の玄倉川の中洲でテントを張っていた18人が、大雨による増水によって流され13人が死亡するという事故が起こっています。また、キャンプファイヤーを楽しむ場合は、火事のリスクを減らし、景観を守るために直火の焚き火は避けて、BBQコンロや焚火台を使うのもマナーです。

法律や条例の規制がない場所を選ぶのはもちろん、増水時の危険などにも気を配りたい

75

Q2. 河原や河川敷ではどこでも焚き火やバーベキューをしていいんだよね?

A. 条例で禁止されている河川敷が増えています。

【条例に違反する場合】

これまで管理者が禁止していなければ自由使用の範囲として焚き火やバーベキューが行われていましたが、最近は管理者が禁止する河川敷が増えています。条例で禁止する自治体も増えており、京都府（京都府鴨川

キャンプやバーベキューのゴミ問題は、規制条例の施行へとつながってしまう。ゴミは持ち帰ろう

条例）では、違反した者には５万円以下の罰金を科すとしています。奈良県天川村（天川村をきれいにする条例）では、川にゴミを不法投棄する観光客が多いため、キャンプ場や私有地などを除いて村内全域でバーベキューを禁止する条例が 2017 年から施行されています。

【知っておきたい知識】

バーベキューが可能な河川敷でも、大人数（おおむね 10 名以上）の場合は、河川事務所の許可が必要なケースがありますので、事前に確認するのがおすすめです。

Q3. 焚き火のついでにゴミを燃やしてもいいんだよね?

A. マナー違反なのでやめましょう。

一般的にゴミを野外で燃やすことは、廃棄物の処理及び清掃に関する法律で禁止されています。しかし、焚き火だけなどの軽微なものであれば例外とされているので、この法律には違反しません。

【守りたいマナー】

ただし、河川敷での焚き火では、火の粉が舞って火事になる恐れがあります。茨城県常陸大宮市の久慈川河川敷では 2021 年 12 月〜翌年 2 月

に 4 回の火事が発生しましたが、いずれも焚き火からの引火が原因でした。現在は焚き火が可能な河川敷でも、火災が頻発すると禁止されてしまう可能性もあります。焚き火をするときは、火災を予防するためにも、焚き火台を使用する、消火道具を用意する、風の強い日は焚き火をしない、ゴミを燃やさない、燃え残った炭や灰を捨てたり放置したりしないなどのマナーを守りましょう。

Q4. 渓流で天然記念物のオオサンショウウオを発見! 思わずつかまえて写真と動画を撮影した。 すぐに水に戻したから大丈夫だよね?

A. 故意なら触れただけで文化財保護法違反になる可能性があります。

　天然記念物は、触れるだけでも保存に影響を及ぼす行為とみなされ、文化財保護法に抵触することになります。もし意図せずに採集してしまった場合は、すぐに水に戻してあげましょう。2021年には、岐阜県の男性が偶然見つけたオオサンショウウオを採集して、2週間後に川に戻しましたが、書類送検された事例もあります。

　ただし、触らずに写真や動画を撮影するのは、問題ありません。むしろ、それを自治体の担当部署に連絡するとよいでしょう。種や見つけたエリアによっては、行政の保護の対象となることもあります。ただし撮影のために、生物にストレスを与えるようなことは避けるようにしなければいけません。

Q5. 近くの店で購入した「お魚キラー」やセルビンを使って川で魚とりをしていたら、漁協の人に怒られた。なんで?

A. それらの使用が漁業調整規則や遊漁規則に違反しているとみなされたからです。

　釣具店やホームセンターなどで販売されている「お魚キラー」やセルビン(ビンドウ)。手軽に魚とりを楽しめるアイテムとして人気ですが、実はこれらの使用が禁止されているエリアは多く存在します。漁具や漁法には漁業調整規則や漁協の遊漁規則などによる一定の制限があり、広く市販されているものでもルールに抵触する可能性があるのです。

　たとえば、愛知県では漁業調整規則第34条により「びんづけ(セルロイド製、陶器製その他これらに類するものによる場合を含む)」での水産

動物の採捕が禁じられており、「お魚キラー」やセルビンも禁止漁具と見なされる可能性が大。

　また、網(網目)の大きさの規制、手づかみでの採捕がNGのエリアもあるため注意しましょう。

釣具屋で売られているから近くの川で使用できる、というわけではない。その漁具が使える場所かどうかしっかりと確認しよう

Q6. 河原できれいな花を見つけました。切り花として家で飾るぐらいなら、別にとってもかまいませんよね?

A. 問題ないことが多いですが、気をつけたいケースもあります。

河川敷は国または自治体が管理しています。通常は管理者が河川敷の植物の採集を黙認しているために、問題がないことが多いのですが、看板やロープで立入禁止にしている場所では、植物の採集を行うのはやめましょう。

また、採集しようと思った花が、どんな種類なのかを確認することも大切です。もし、種の保存法や条例で保護対象となっている場合は、採集すると処罰されることもあります。特定外来生物だった場合は、切り花として飾る分には問題ありません。しかし、種子や株ごと移動すると法律違反になるので注意が必要です。

道路脇や河川敷などに多いオオキンケイギク。綺麗な花だが特定外来生物に指定されている

Q7. 川や湖ではどこで泳いでもいいんだよね?

A. 遊泳禁止区域以外はOKです。

河川や湖沼の管理者は管理権に基づいて、利用を制限することができます。管理者が遊泳を禁止している場所で泳ぐことは違法です。管理者が遊泳を禁止する理由はさまざまですが、危険なために禁止する場合も多いと思われます。また、立ち入り禁止と表示してある河原や湖岸に立ち入ると、軽犯罪法違反になります。

川や湖は、海水浴場やプールとは違って、ライフセーバーや監視員がいません。万が一のことを考えてライフジャケットを着用して泳ぐことをおすすめします。

第4章

海で行う
アクティビティに
かかわる法律や
条例

海で行うアクティビティにかかわる法律概論

　海を舞台とするアクティビティも多様化・細分化が進んでおり、その分だけ事故や他の利用者とのトラブルが発生しやすい状況になっている。多くの場合、トラブルは当事者の意識の根底にある「海は誰のものでもない」という認識に起因しているようだ。しかし、果たして本当に「海は誰のものでもない」のだろうか。まずはその辺りから考えてみよう。

海面の所有権とその他の権利・規制

　結論を先に言うと、海面には所有権が設定されない、というのが通説だ。愛知県田原湾における一部水域の所有権の所在について原告の私人と被告の名古屋法務局が争った「田原湾干拓訴訟」で、最高裁は「海は、古来より自然の状態のままで一般公衆の共同使用に供されてきたところのいわゆる公共用物であって、国の直接の公法的支配管理に服し、特定人による排他的支配の許されないもの」（最高裁1986年12月16日判決）と判示。この裁判で、海には土地所有権が存在せず、売買や貸借の対象にはならないことが法的に裏付けられたとされている。

　しかし、「海はみんなのもの」であるから「自由に何をしてもいい」のかといえば、そうではなく、一定のルールのものでみんなが安心して利用できるよう、様々な利害調整や規制がなされている。たとえば、海の漁業者には「一定の水面で特定の漁業を一定期間排他的に行う権利」すなわち漁業権が認められており、個人によるレジャーが目的であっても結果的に漁業権を侵害するような行為は許されない。また、陸上の公道に道路交通法が適用され、利用者の安全のためさまざまな規制が課せられるように、海上にも後述する海上3法（海上衝突予防法、海上交通安全法、港則法）をはじめとしたいくつかの交通法規が存在し、事故の防止が図られている。

海にもしっかりと法律や条例などによる規制があり、自由に何をしてよいというわけではない

ほかにも、危険防止や公衆衛生といった観点から、海辺での特定の行為が条例によって制限されるケースがある。代表的なものとしては、多くの都道府県が定める「海水浴場に関する条例」が挙げられるだろう。また、プレジャーボートや水上オートバイの運航ルール厳格化など、独自に安全条例を制定し、より強い規制を行う自治体も増えてきているのが実情だ。

とにかく、「海＝公共物」という認識に安易にもたれかかると、思わぬ事故・事件の当事者になってしまう可能性がある。というわけで、海で遊ぶ際に最低限押さえておきたい法律を以下解説してみよう。

海岸法

［ダメなこと］海岸の継続的な占有、工作物の設置、海岸保全施設の損傷・汚損など

波浪や津波、高潮などから海岸を保護するための法律として1956年に制定。海岸でのレジャーの多様化・通年化などを受け、1999年には抜本的な法改正が実施されている。

内陸部の河川や湖沼と同様、海岸は公共空間。「自由使用の原則」が適用されるため、利用者は海岸敷地を一時的に使用し、海水浴や釣りといったレジャーを楽しむことができる。とはいえ、他者の自由使用を妨げる、公序良俗に反する、もしくは営利目的といった行為は制限されることがある。

なお、海岸法第5条に基づき、都道府県知事（一部は市町村長）が「海岸管理者」に指定されている。海岸管理者は、国土を津波や高潮などの被害から防護するために「海岸保全区域」を指定する。この区域内には海岸の侵食や海水の侵入などを防ぐための「海岸保全施設（堤防や水門など）」が設置され、その利用を制限することができる。普通にアクティビティを楽しむ分には関係ないケースが大半だが、海岸に施設や工作物を設置して占有したい場合などには、事前に海岸管理者の許可を得る必要がある。

無許可で工作物を設置したり、海岸保全施設を損傷・汚損させてしまうと、一年以下の懲役又は50万円以下の罰金が科される可能性がある。具体的な禁止行為や許可申請の方法が知りたい場合、管理者である自治体に直接問い合わせてみよう。

☑海岸で場所取りのために無許可で砂浜に杭を打ったり、一部をロープで囲って他人の利用を妨げるような行為は「海岸保全区域の占用」に該当し、違法行

為となる。

☑堤防や護岸に穴を開ける、残りエサなどで汚したままにするなどの行為も海岸法に抵触する。

☑海岸保全施設では自動車の乗り入れが規制される場合もあるので、立て看板などに注意しよう。

砂浜や防波堤の名前　海岸法　禁止行為　🔍検索

水産動植物の採捕に関する法律

☞P.84

　海で生物を採集するアクティビティでは、希少な生物や水産資源の保護を目的とした規制と、港や堤防などの施設を管理する目的での規制の両方に注意する必要がある。後者については、海岸法の部分で解説を行ったので、ここでは前者について解説する。水産資源の保護に関係する法令として、漁業法・漁業調整規則・海区漁業調整委員会指示などがある。

　詳細についてはP.84からで扱うが、これらのルールが適用されるスポットでは、採捕しようとする生物あるいは採捕しようとする場所や時期について何らかの制限がないかどうか事前に知っておかなければならない。また、エリアによって遊漁の際に使用できる道具や漁法に細かな制限があり、注意が必要となる。

☑漁業法で特定水産動植物に指定されているあわび類、なまこ類、うなぎの稚魚の採捕は厳禁。違反者には極めて重い罰則（3年以下の懲役又は3000万円以下の罰金）が科される。

☑漁業調整規則などで制限される行為や対象種、禁止漁具・漁法には地域差が大きい。事前に自治体のウェブサイトや釣り人向けの情報サイトで確認しておくと安心だ。

☑漁業権の免許を受け、当該エリアを管轄する漁協に料金を支払うことにより、特定の貝類のみを採捕できる潮干狩り場などもある。

生物種名　地域名　禁止行為　🔍検索

禁漁区や禁漁期、採捕サイズ制限は、看板などで目立つ場所に明示してある場所も多い

天然記念物の地域指定

☞P.8

［ダメなこと］指定地域内での採捕、接触、殺傷など

　海にも希少な生物や生態系の保護のために文化財保護法・文化財保護条例によって天然記念物の接触や採捕が禁じられている水域が存在する。魚類では唯一、国の特別天然記念物に指定されている「鯛の浦タイ生息地」（マダイ／千葉県鴨川市）のほか、国の天然記念物に指定されている岡山県笠岡市の「カブトガニ繁殖地」、広島県三原市の「ナメクジウオ生息地」が挙げられる。

　生物種名／自治体名　天然記念物　🔍検索

海上の交通法規

☞P.98、P.102

　まず、水上オートバイ、モーターボートなどの動力船を運転するためには、運転する船の大きさや種類に応じた小型船舶操縦士の免許が必要。長さ3m未満・エンジン出力1.5kw以下のボートは免許不要だが、海の交通ルールに関する法令を守る必要がある。例としては、船舶の衝突防止を目的とした海上衝突予防法、大小多くの船舶が集中する海域での航路航行義務や速力制限などを規定した海上交通安全法、港内での運航ルールを定めた港則法などが挙げられる。

　また、船舶の操縦者や乗組員の資格・免許や、ライフジャケット着用義務といった乗船上のルールを定めた法律に船舶職員及び小型船舶操縦者法がある。その他、地域の海面利用の実情に応じて制定された安全条例、各種のローカルルールなども存在する。とくに免許不要なミニボートを運転するときは、自力でこういったルールやマナーを知っておかないと事故につながりやすい。詳しくはP.102からを参照してほしい。

　これらは主に動力船の運航を対象としているが、手漕ぎボートでの釣りや、サーフィンやSUP、シーカヤックといった水上レクリエーションを行う際、安全確保に活かせる要素も多いため、大筋の知識だけでも持っているに越したことはない。詳しくはP.98およびP.102からを参照してほしい。

　アクティビティ名　海の交通ルール　🔍検索

海で釣りをするときに気をつけたい法律など

　海には所有権がなく、すべて繋がっているのだから、自由に釣りができるはず……そう考えるのは早計だ。

　海釣りは釣り船や貸しボートに乗って行う沖釣りと、砂浜や堤防、地磯などで行う陸釣りに大別されるが、それぞれに遵守すべきルールやマナーがある。沖釣りでは船宿や貸しボート店のスタッフが禁止事項などについてレクチャーしてくれるが、陸釣りの場合はポイントや釣法の選定など釣り人自身の判断に委ねられる場面が多く、思いがけず法を逸脱してしまい重いペナルティが課される可能性もある。

　ここでは海釣りを楽しむ際に最低限知っておくべき法律や制度について紹介していこう。

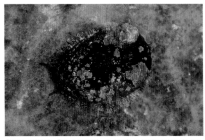

「あわび類」「なまこ類」は特定の種類に限定されず、幅広く法が適用される

漁業法

[ダメなこと] 漁業権侵害と見なされる行為、特定水産動植物の採捕

　漁業法は、水産資源の持続的な利用の大元になる法律。漁業調整規則なども漁業法を根拠にしているほか、漁業権（別表参照）の免許も漁業法に基づく。漁業権を持つ漁業者の操業を妨害したり、漁場の価値を毀損した場合は、漁業権侵害として告訴される可能性がある。漁業権が設定されていても、釣りなどが禁止されるわけではないが、権利を侵害しないように注意しよう。

☑釣りの最中に誤って定置網を切ったり、釣り船を海面の旗やブイ、養殖施設などに係留する行為も漁業権侵害と見なされ得る。

☑漁業権侵害の罰金額は、2018年に従前の20万円以下から100万円以下に引き上げられている。

漁業権の種類

定置漁業権	定置漁業(漁具を動かないように設置して営む漁業のうち、大型のもの)を営む権利
区画漁業権	一定の区域内で養殖業を営む権利・第1種〜第3種に区分される
共同漁業権	一定の水面を共同に利用して漁業を営む権利で、採貝・採藻漁業、刺網漁業、小型定置網漁業等を含む・第1種〜第5種に区分される

第1種共同漁業権

［ダメなこと］定着性生物の無許可捕獲・採集

　ワカメなどの海藻類やサザエやアサリといった貝類、あるいはイセエビやタコなど沿岸部の定着性生物を対象とした漁業権として第1種共同漁業権がある。この区域内で地元の漁業者でない者が漁業権の対象となっている種類を捕獲・採集すると漁業権侵害になるおそれがある。

☑漁協が管理する潮干狩り場などでは、料金を支払った上で一部貝類の採集が認められる場合もある。

☑イセエビやタコは外道（目的外の釣果）として釣り人の仕掛けにかかることもあるが、すぐにリリースすれば問題ない。

☑海を自由に泳いで移動することのできる魚類は、第1種共同漁業権の対象ではない。

特定水産動植物

［ダメなこと］特定水産動植物の採捕、密漁品の受け取りや運搬・保管など

　漁業法は2018年に70年ぶりに大幅改正され、密漁対策および罰則の大幅強化が行われている。この際、特定水産動植物（あわび類、なまこ類、うなぎの稚魚）の採捕禁止、密漁品の譲り受け禁止の規制が新たに設けられ、いずれも違反者は3年以下の懲役又は3000万円以下の罰金に処されることとなった。

☑釣り針が引っかかるなどして意図せず特定水産動植物を捕獲してしまったら、すぐに水中に戻そう。

漁業調整規則

［ダメなこと］禁漁区での遊漁、禁漁期の遊漁、禁止漁具・漁法の使用、魚種別の体長制限を守らないなど

　内水面漁業調整規則（P.56）同様、都道府県ごとに定められる。採捕禁止期間・区域、採捕が制限される魚や貝のサイズ、使用できる漁具や漁法などについて細かくルールが設定され、罰則についても個別に定められている。

☑まき餌釣りのように広く行われている方法であっても禁止されている自治体がある。

☑トローリング（引き釣り）はかつて全面的に禁止されていたが、漁業調整委員会指示により承認制を導入している自治体もある。

海区漁業調整委員会指示

［ダメなこと］禁漁区での遊漁、禁漁期の遊漁、禁止漁具・漁法の使用、魚種別の体長制限を守らないなど

　海区漁業調整委員会は漁業法第135条に基づき設置され、漁業者や学識経験者によって構成される。同委員会は水産動植物の繁殖・保護、漁業権・入漁権行使の適切化、紛争の防止・解決などを目的とし、遊漁者を含む関係者に対し採捕等の制限など必要な指示を行う。指示の内容は特定魚種の漁期や漁法などに関する随時的かつ局所的なものが中心で、有効期間が定められている。
☑委員会指示に違反した場合、ただちに罰則が科せられるわけではないが、知事が指示に従うよう命令し、なおも従わなかった場合、漁業法第191条の規定により1年以下の懲役若しくは50万円以下の罰金又は拘留若しくは科料に処される。

遊漁船業の適正化に関する法律

［ダメなこと］無登録での遊漁船営業、届け出のないポイントへの釣り客の案内など

　釣り船や渡船などの遊漁船業者は都道府県知事による登録制となっており、利用者に対して案内する漁場における水産動植物の採捕に関する制限や禁止行為について周知しなければならない。
☑登録された遊漁船は遊漁中の万一の事故に備えた損害賠償保険に加入している。無登録の遊漁船は絶対に利用しないように気をつけよう。

SOLAS条約・軽犯罪法

　防波堤などの港湾施設は手軽に釣りが楽しめるスポットだが、安全・管理上の理由から立ち入り禁止になっている場所もある。大型船が停泊する岸壁や埠頭はSOLAS条約（海上人命安全条約）によって全面的に立ち入り禁止とされていることが多い。
☑フェンスやゲートなどを突破し立ち入り禁止区域に侵入する行為は軽犯罪法（→ P.16）違反に該当し、釣り人の摘発も相次いでいる。
☑立入禁止区域へのプレジャーボートでの接近も規制されることがあり、ボート釣りの際にも注意が必要だ。

Q1. 海釣りってどこでやってもいいんだよね？

A. 禁漁区や保護水面、立ち入り禁止エリアではできません。

【法律に違反する場合】

　自由に釣りが楽しまれているエリアもたくさんある一方、気をつけなければいけない場所も存在します。まず、川や湖沼と同様に、漁業調整規則で禁漁区に定められたエリア、水産資源法で保護水面に指定されたエリアでは、特定の魚や生物の採捕は不可能。中には遊漁が一切認められていない場合もあり、事前に各都道府県のウェブサイトや漁協、釣具店などで確認しておくとよいでしょう。

　漁港や防波堤などの施設には手軽にオカッパリ（陸釣り）を楽しめる好ポイントが多くありますが、SOLAS条約（海上人命安全条約）に基づく制限や、港湾管理上の理由から立ち入りが全面禁止されている場合もあります。こうしたエリアには周辺に禁止事項を明示した掲示物やフェンス・金網などの工作物が設置されていることが多く、「釣りに夢中で気がつかなかった」ではまず済まされません。

　立ち入り禁止エリアに侵入し釣りをしているのが見つかれば、検挙される可能性も。実例として、2009年には横浜港のふ頭防波堤やベイブリッジの橋脚など立ち入り禁止区域に侵入した数十名もの釣り人が軽犯罪法違反で逮捕されています。また、工作物を壊したり変形させたりして侵入したのが発覚すれば器物損壊罪に問われます。

　地磯や沖堤防、すなわち渡船を利用してアクセスするポイントでも注意が必要。2021年12月には、度重なる業務改善命令を無視し立ち入り禁止の防波堤に釣り客を案内した新潟市の遊漁船業者が、遊漁船業適正化法違反（漁場案内場の虚偽申告）などの疑いで新潟県警に検挙されました。このケースでは件の防波堤に立ち入った釣り客26人も軽犯罪法違反の疑いで検挙されています。

いくらよく釣れる場所だといっても、立入禁止区域に入るのは止めておこう

87

Q2. 河口の橋の上で釣りをしていたらパトカーがやってきた。どうして？

A. 道路交通法違反に該当する可能性があるためです。

【法律に違反する場合】

河口部や港湾内などでは、橋の上から釣りをしている人を見かけることがあります。橋の欄干にズラリとリール竿が立てかけられている、なんてことも……。

しかし、こうした行為は実は違法である可能性が高いのです。どんな法律に抵触するのかと言えば、ズバリ、道路交通法。公道上の橋からの釣りは、同法に示される「禁止行為」に含まれるものと考えられます。以下、ケース別に見ていきましょう。

たとえば、橋の欄干や竿立てを利用した投げ釣り、ぶっこみ釣りなどの場合、第76条3にある「何人も、交通の妨害となるような方法で

物件をみだりに道路に置いてはならない」との規定に抵触します。また、ルアー釣りや探り釣りなど橋上に立って行う釣り方の場合も、第76条4の二に禁止行為として示される「道路において、交通の妨害となるような方法で寝そべり、すわり、しゃがみ、又は立ちどまっていること」という条文に抵触する可能性があります。なお、罰則については、前者が3か月以下の懲役または5万円以下の罰金、後者では5万円以下の罰金と定められています。

橋上からの釣りの禁止は海に限らず、ダムや河川などの淡水域でも同様。また、水辺に接した公道上での釣りも同じような理由で道交法違反と見なされる場合があります。

もしオモリや釣り針、ルアーなどが誤って歩行者や車両を直撃すれば、大きな怪我や事故に繋がりかねず、過失傷害罪に問われた上、民事訴訟で莫大な賠償金を請求されることも十分考えられます。公道上に限らず、往来の激しいエリアでは、とくに周囲への配慮を忘れないよう心がけましょう。

交通量の多い公道上で、キャストを繰り返したりすれば通行の邪魔になることは明白。事故の原因にもなりかねないので控えよう

Q3. 釣った魚を締めるためにナイフを持っていると、捕まることがあるの？

A. 基本的には大丈夫ですが、携帯の仕方に注意が必要です。

　釣った魚を美味しく食べることも、釣り人の楽しみのひとつ。とくに海釣りでは、鮮度を保つために釣り場で魚を締めることは広く行われています。魚を締める方法はいろいろありますが、ナイフや包丁などの刃物を利用する人は少なくありません。とはいえ、刃物の取り扱い次第では違法と見なされる可能性があります。関係する法律は、銃砲刀剣類所持等取締法（銃刀法）と軽犯罪法の2つです。

　前者は刃体の長さが6cmを超える刃物の所持を「業務その他正当な理由による場合」を除いて禁じており、違反者は2年以下の懲役又は30万円以下の罰金に処されます。焦点は、果たして「正当な理由」に釣りが含まれるか否か。結論を言えば、釣りは「正当な理由」と基本的には考えられています。しかし、「どのように持ち運んでいるか」によっては違法と判断されかねません。

　他方、軽犯罪法第1条2号は正当な理由なく凶器になる得るものを隠し持つことを禁じています。多機能ナイフやハサミ、ギャフなども状況次第では凶器とみなされ得ます。

　これらを釣り以外の目的で携帯しているとの疑念を生まないために、個別にケースに収納した上で、釣り道具を入れたタックルボックスやクーラーボックスに入れて持ち運ぶのをオススメします。車で移動する際にも、決してグローブボックスやダッシュボードなどには置かず、釣り道具と一緒にラゲッジスペースに置くようにしましょう。衣服のポケットに入れっぱなしにしたり、常時車載するのもNG。釣りから帰ったらすぐに車から降ろすように。こうしておけば、釣りの行き帰りの道中で警察に職務質問された際にも安心です。

魚を捌いたり締めるのに便利なナイフだが、普段は持ち歩かないようにしよう

Q4. 小さな魚は絶対にリリースしなければならない場合があるの?

A. サイズによって持ち帰りが制限される魚も存在します。

【法律に違反する場合】

　海で釣れる魚にはサイズ（全長）に応じて漁獲・採捕の禁止や再放流が義務付けられているものがあり、代表的な魚種としてマダイ、アジ、ヒラメ、カサゴ、メバルなどが挙げられます。

　サイズによる採捕規制については、主に漁業調整規則や海区ごとの漁業調整委員会指示で魚種別に定められています。一例を挙げれば、マダイの場合、東京都や千葉県などでは全長20cm以下、大阪府や和歌山県などでは全長13cm以下など、かなりの地域差があります。こうした基準は自治体や漁協の他、民間の海釣り情報サイトなどにも地域・魚種別の一覧が掲載されており、釣りの前に確認しておくとよいでしょう。

小さい魚や成長の遅い魚を大量にキープし、不用意に写真をSNSにアップすれば、他の釣り人から批判を浴びる可能性も

　漁業調整規則などに明文化されたサイズ規制を破って対象魚をキープした場合、密漁者として摘発される可能性があります。罰則も定められており、漁業調整規則に基づく採捕サイズ規制の違反者は6か月以下の懲役若しくは10万円以下の罰金に処されます。

【ローカルルール】

　水産資源の維持・管理のため、漁協や釣り船の組合などの申し合わせによって独自にルールを設けている地域もあります。たとえば、静岡漁連では全長17cm（体重100g）以下のマダイや全長30cm以下のヒラメなどの再放流を取り決めるなどの自主規制が行われています。

【守りたいマナー】

　明文化された規制の有無に拘らず、小さすぎて食用に適さないと判断される場合はリリースするのが基本的なマナー。判断に迷う場合、釣り人の団体が公表・推奨しているリリース基準に従うのもひとつの方法です。

Q5. アジが大量に釣れてしまった。食べきれないので、誰かに売ってもいい?

A. 趣味で釣った魚の販売は違法ではありません。ただし……

　釣りを趣味にしている人が、たくさん釣れてしまった魚を今回に限って販売したり譲ること自体に法的な問題はありません。事実、処分しきれない魚をレストランや居酒屋などに引き取ってもらう釣り人も結構いるようです。

　とはいえ、大切な前提条件があります。それは、釣りが「あくまで趣味」であるということ。

【法律に違反する場合】

　現行の食品衛生法の規定では、食品販売業者は一部の業種を除き都道府県知事の営業許可または知事への営業の届出が必要です。仮に「業と

して」、すなわち反復継続的に魚を販売する意思を持って釣りをしたり、あるいは実際に定期的に魚をレストランなどに売っている釣り人は、同法が適用される営業とみなされ、正規の手続きが行われていない場合は食品衛生法違反となり、処罰の対象となり得ます。

釣れすぎて処分に困ることもときにはある。食べきれないくらい釣れたときはすぐにリリースするのも釣り人のマナーだ

Q6. 水中に放置された他人のルアーを回収し、オークションサイトなどで販売するのは横領になる?

A. 該当する可能性はほぼありません。ただし……。

　俗に根掛かりと呼ばれますが、地底や水中の障害物、立木などにルアーや仕掛けが引っかかり回収不能となることはよくあります。持ち主が回収を諦め、糸を切って水中に放置した場合、それらは廃棄物と見なされ、後から拾って使用したり売買したりすることが横領行為に当たるとはまず考えられません。

　ただし、これはもとの所有者が回

収を完全に断念(所有権を放棄)していることが前提。所有者が回収作業をしている最中や、一時的にその場を離れている隙に何らかの方法で取得した場合、あるいは所有者が警察に遺失届を出していた場合などには、「漂流物(水中や水面にある遺失物)」の横領と見なされ、占有離脱物横領罪が成立する可能性も否定できません。

磯遊び・潮干狩りをするときに
気をつけたい法律など

　砂浜や磯などの沿岸部で生き物を採集する際には、当該エリアでの漁業権設定の有無と遊漁ルールのチェックが必要になります。規制が存在するか否かを注意すべきポイントは、採集しようとする①生物種、②場所、③時期、そして④用いる漁法の４点。これらは全国的に禁じられているもの（たとえば漁業法に基づく特定水産動植物の採捕）と、地域ごとに内容が異なるケース（漁業調整規則や漁業調整委員会指示などに基づく規制）があり、訪れるエリアごとに事前確認が求められます。

Q1. 潮干狩りには使ってはいけない道具があるって本当？

A. 「じょれん」など特定の漁具の使用が禁じられている場合があります。

　貝を掘り出す道具（漁具）のセレクトには常に注意すべきです。砂浜に潮干狩りに出向く際、使用や携帯に慎重を期すべき代表的なアイテムとして「（貝取り）じょれん」が挙げられます。これは熊手とチリトリとカゴの要素を合わせたような道具で、一度に大量の貝を回収すること

たくさんの貝を一度にとることができる「じょれん」。禁止漁具になっている場所も多いので、チェックを怠らないように

も可能なため、持ち込み禁止とされているエリアが少なくありません。

　神奈川県では漁業調整規則第41条の規定により、幅15cmを超える熊手は使用できず、じょれんや「忍者熊手」（歯の間が網目状になっている金属・プラスチック製の熊手）の使用は禁止。違反が判明すれば、６か月以下の懲役又は10万円以下の罰金が科される可能性があります。

　こうしたグッズは、釣具店やホームセンター、100円ショップなどでも売られており、比較的簡単に入手可能ですが、使用前に禁止されていないか確認しましょう。採った貝の量に関わらず、安易に使用したばかりに密漁者と見なされ、大きな代償を払うことになるかもしれません。

Q2. 潮干狩りで採取した貝を誰かに売ってもいい?

A. 基本的には販売するのはやめておきましょう。

漁業調整規則などの関係法規を遵守していることが大前提ですが、趣味や遊びとして潮干狩りを行った結果、手に入れた貝類を販売することは禁じられていません。

ただし、大なり小なり金銭的利益を得ることを目的としているのであれば、食品衛生法の営業許可や届け出が必要となったり(→ P.91)、漁業権侵害の可能性もあります。

また、少しでも鮮度の不安や貝毒の危険性を感じたら他者に譲るのは控えましょう。譲った貝が食中毒などの原因と特定された場合、民法の不法行為と認定され、治療費などの損害賠償責任を負う可能性も考えられます。

Q3. 浜辺に打ち上げられた貝や海藻を勝手に拾って持ち帰ってもいい?

A. 漁業権が設定されている場合、密漁と見なされ処罰される可能性があります。

【法律に違反する場合】

拾おうとしているものに漁業権(共同漁業権)が設定されている場合、持ち去り行為は漁業権侵害にあたる可能性があります。仮にもなまこ類やあわび類などの特定水産動植物を拾った場合には3年以下の懲役又は3000万円以下の罰金という重罰が科されるため、絶対に手を出さないように。また、漁業調整規則などで禁漁区や禁漁期に指定されているエリアで対象の動植物を拾った場合にも処罰対象となり得ます。

実例をひとつ。近年、千葉県の九十九里浜では生きたハマグリの大量漂着が続発し、地元漁協による呼びかけもむなしく、噂を聞いた人々による持ち去り行為が横行。同地区ではハマグリに漁業権が設定されており、呼びかけもしていることから、明らかに漁業権を侵害しています。モラルの高い行動が求められます。

ヒジキやワカメなどの海藻類に漁業権が存在するエリアも多く、親株からちぎれて打ち上がった断片の採集もNGとなる場合がある

スクーバダイビング・シュノーケリングに関する法律概要

　スクーバダイビングを楽しむには、いくつかの方法がある。ダイビングショップのファンダイブツアーに参加したり、現地サービスに個人で予約を入れたりして潜りに行く場合は、法律違反の可能性はまず考えられない。シュノーケリングも現地にあるシュノーケリング専門店のツアーに参加すれば、法律違反の心配はない。ただ注意したいのは、個人でスクーバやシュノーケリングを行う場合だ。

　スクーバダイビング・シュノーケリングに共通して注意しておきたいのが、地方条例により潜水や遊泳が禁止されている場所があるということだ。「遊泳禁止区域」に正当な理由なく立ち入ったときは、軽犯罪法（P.16参照）違反となるので注意したい。

　また、禁止区域で魚介類や海藻を取ると、漁業関係法令に違反し処罰されることがある。「自然公園法（P.10参照）」で海域公園地区に指定されている場所で、指定された生物（サンゴや魚介類など）を採取した場合も罰金などが科せられることがある。他にも「高圧ガス保安法」など事業者に対して、届出の提出を義務付けている法律もある。

　ここでは、スクーバダイビング・シュノーケリングを楽しむうえで気をつけたい法律などを紹介する。

【スクーバダイビングを楽しむ際に気をつけたい法律など】

高圧ガス保安法

　スクーバダイビングでは、水中で呼吸をするために高圧で空気が充填されたタンクを利用する。タンクは「高圧ガス保安法」に基づいて、5年に一度は点検を受ける必要がある。タンクは現地のダイビングサービスでレンタルできるので、個人で所持する人は少ないけれど、マイタンクがある人は定期的な点検は欠かさずにするようにしよう。

マイタンクを持つ場合は、所有者の刻印やタンクの色など高圧ガス保安法の基準を守って使いたい

ダイビング指導団体の認定

　スクーバダイビングをレジャーとして楽しむ分には、法律で定められた資格はとくに必要ない。体験ダイビングであれば、誰でも楽しめる。しかしファンダイビング（バディ単位である程度自由に潜れる）をする場合は、ダイビング指導団体が発行する認定証（Ｃカード）を所持していないと、ダイビングショップで申し込みを受け付けてもらえない。これは国内のみならず、海外でも共通したルールだ。

【シュノーケリングを楽しむ際に気をつけたい条例など】

地方条例による遊泳禁止

　各都道府県で定められた条例によって、立ち入ったり泳いだりすることが禁止されている場所がある。正当な理由なく立ち入ったときは、軽犯罪法違反となってしまうので要注意。遊泳禁止区域は各自治体のウェブサイトに掲載されていることが多いので、事前に検索しておこう。

沖縄県では事故が多いためにシュノーケリングを禁止している海岸が多いので注意しよう

水産動植物の採捕に関する法律　☞P.84

　漁業権の対象となっている水産動植物の採集に加えて、禁漁区内や禁漁期の採集なども漁業関係法令違反となり処罰されることがある。場所に応じてさまざまな規制がされているので、基本的にダイビング・シュノーケリング中に見つけた魚介類や海藻は持ち帰らないようにしよう。

Q1. シュノーケリングやダイビングは、どこでやっても問題ないですよね？

A. 「遊泳禁止区域」でのシュノーケリングは避けましょう。スクーバは決められたダイビングポイントで行うのが基本です。

【条例に違反する場合】

　シュノーケリングもスクーバダイビングも、行ってよい場所とそうではない場所があります。たとえば「北海道漁港管理条例」では、漁港での潜水や遊泳を禁止していて、違反すると5万円以下の罰金が科せられます。またその他のエリアでも「遊泳禁止区域」でシュノーケリングやダイビングをすることは避けましょう。船の航路や漁業で利用している場所であることが多く、勝手に行うとトラブルのもとになります。

【ローカルルール】

　スクーバダイビングのポイントは、各地のダイビング事業者が漁業協同

組合と話し合い、潜る場所や潜水可能な時期・時間などを決めて利用しているケースが多くなっています。そのため法的な制約はありませんが、「どこでやっても問題ない」とはいえません。現地のダイビングサービスを利用して、潜るようにしましょう。なお入海料の支払いが必要な場所もあります。これはダイビングエリアを管理する漁業協同組合などに支払う料金で、施設の維持や環境保全などに使用されています。

　シュノーケリングについては、事故の増加などから条例を定める自治体が増えてきています。たとえば沖縄県では、海水浴場でのシュノーケリングは基本的に禁止となっています。また溺水などの事故防止のために、ライフジャケットの着用も義務付けられています。シュノーケリングをする前に、各自治体のウェブサイトなどで情報を調べておくようにしましょう。

ツアーで行うには心配の必要はないが、個人で行うのなら関係する法律の下調べは必要だ

Q2. 海外で作られている簡易小型タイプのスクーバセットは、日本で使うと違法になるって本当?

A. 海外製タンクなどを、必要な検査・届け出なく使用することは法律違反です。

　近年、海外からの輸入品の小型スクーバダイビング用タンク（0.5リットル〜1リットル程度の大きさで、最大圧力20MPa程度）とその関連機材（タンクへの詰め替えアダプター、手動ポンプなど）が、販売サイトなどで販売されています。そのほとんどは「高圧ガス保安法」（P.88参照）で定める法的条件を満たしていません。

【法律に違反する場合】

　日本国内で高圧ガスを充填するには、小型タンク（容器）や付属するバルブも、高圧ガス保安協会（KHK）の検査に合格し、KHKの刻印がされたものでなくてはならないと「高圧ガス保安法」で定められています。また圧縮された空気を充填する行為そのものには都道府県知事への届出が必要で、無届出での充填は違法行為になります。（高圧ガス保安法第5条第2項、第12条）。

　必要な検査や正しく充填されていないタンクを使用すると、空気の漏洩、破裂など重大な事故を引き起こ

す可能性も。またスクーバダイビングの知識なしに使用すると、肺の損傷など重篤な事故につながる危険性もあります。このような製品は使わないようにして、すでに購入してしまっている場合は、法令に定める方法で廃棄しましょう。不明点があれば、経済産業省高圧ガス保安室に問い合わせを。

正規品か判断できる自信がなければ、信頼できるダイビングショップで購入しよう

海でサーフィン・シーカヤック・ＳＵＰ・ボートなどをするときに気をつけたい法律など

　ウィンドサーフィンやカヌー、スタンドアップパドル（SUP）、小型ボートは、だれでも手軽に楽しめるマリンレジャー。これらは「無動力船」として海上法規の規制対象になることが多い。

　海上を移動する際は、海の交通ルールを定めている「海上衝突予防法」や、港内の船舶の安全と整頓を目的とした「港則法」などの法律に触れる行動をしないように注意が必要だ。「エンジンがないカヌーやカヤック、サーフボードなどは法律の対象ではないのでは？」と思う人も多いかもしれない。しかし「海上衝突予防法」では船舶の定義は、次のように定められている。

　「この法律において『船舶』とは、水上輸送の用に供する船舟類（水上航空機を含む）をいう（第３条第１項）」。そのため、動力（エンジン）の有無は関係なく、カヌーやカヤックなどはこれに含まれることになる。

免許が必要な動力船と異なり、必要な知識は自力で調べることが必要だ

　また、地方自治体によって、サーフィンを含むマリンレジャーについてさまざまな条例が定められていることも。アクティビティを楽しむ場所によって、決められたルールを守るようにしたい。

海でのアクティビティに関係する船舶の交通ルールに関する法律

　日本では船舶の交通ルールは３つの法律から成っている。基本法である「海上衝突予防法」と、海域による特別法である「海上交通安全法」「港則法」だ。

海上衝突予防法

　1972年の海上における衝突の予防のための国際規則（国際条約）に準拠して、すべての船舶が守るべき航法の原則や、これに関連した灯火、信号等といった基本的なルールを定めている。

海上交通安全法・港則法

海上交通安全法は、船舶交通量がとくに多い東京湾、伊勢湾、瀬戸内海における特別の航法を定めた法律。航路を設定し、そこでの特別の交通方法を定めるとともに、安全に航行させるための管制、危険防止のための規制などを規定している。

一方、とくに入出港船が多い港での特別なルールを定めたものが港則法。約500の港が対象海域で、船舶の運航や係留に関する規制、危険物の荷役の規制などが規定されている。

【急にほかの船やヨットが近づいてきたときに注意したいこと】

船舶の航行ルートに関係しない場所であれば、トラブルはほとんど起こらないかもしれない。しかし急にほかの船やヨットが近づいてくることがないとはいえない。万が一のために、注意すべきことを覚えておこう。

【海の上は原則右側通行】

海上には道はないが、正面から船舶とすれ違う場合は、相手の船の右側をすれ違うようにしなければならない。また相手の船が横から来たときには、右側から来たほうが優先される。相手船を右げん側（船の右側）に見る方の船は、回避行動を取らなければならない。つまり、自分が左側に位置していたら、進路を変えて避ける必要がある。

また大型船の船舶やヨットなど、すぐに方向転換できない船に接近したときとぶつかりそうになったら、上記にとらわれず、衝突するおそれがあると考えて、こちら側が避けるようにしよう。

基本的な〝海の交通ルール〟を覚えておいて、トラブルにならないように気をつけながら楽しむようにしよう。

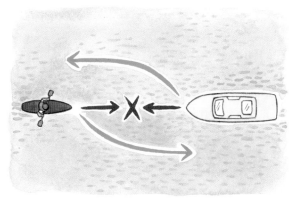

海上交通の基本は右側通行。左側通行で左側優先の道路交通とは逆になっている

Q1. シーカヤックやSUP、釣り用のボートなどでは、海のどこでも自由に移動していいんだよね？

A. 自治体が定めている条例などで、港への立ち入りや遊泳者に近づくことが規制されている場合があります。

海でシーカヤックや SUP、釣り用ボートを操舵する場合は、とくに届け出などは不要です。

【法律に違反する場合】

海上衝突予防法、海上交通安全法、港則法（P.92 参照）は、船舶の交通ルールを定めた代表的な法律で、その他に自治体が定める条例があります。カヌーや SUP、小型ボートであってもこれらの規定に反してはなりません。たとえば大型船が来たら、衝突を回避しなくてはなりません。また、違反すると処罰されることがあります。

【ローカルルール】

シーカヤックや SUP、釣り用のボート、サーフボードなどは自治体によっては、水難事故防止に関する

シーカヤックやSUPが対象となる法律も多い。事前に確認しておこう

条例の対象になっています。条例では、付近に遊泳者などがいる場合や漁業用の施設、工事現場などがある場合は減速したり接近しないなどの安全な方法で操舵すること、遊泳者の付近でみだりに疾走や急旋回しないことなどの禁止事項が明記されています。また神奈川県三浦市では「三崎漁港ローカルルール」で、三崎漁港内でのシーカヤックやミニボードの航行が制限されています。

条例では警察官の中止命令の対象となることや、事故を引き起こした場合の救護義務（違反に対して罰則あり）も定められていることがあり、自身の安全確保のためにもルールを守るようにしましょう。

【守りたいマナー】

シーカヤックや SUP は自力で操舵するため、海の状況によって思わぬ場所へ流されてしまうこともあります。流れの強い場所や、離岸流があり沖へ流されてしまう場所などで行うと、事故にあう危険も。法的に制限のない場所であっても、安全を確認してから楽しむように心がけましょう。

Q2. シーカヤックやSUPに乗っていて、エンジン付き船舶と行き交うときは、向こうが避けてくれるんだよね？

A. エンジン付き船舶とシーカヤックやSUPとの間の優先関係は、法律上明確に定められていないので、動力船が避けてくれるとは限りません。

【法律に違反する場合】

確かに、航行中の動力船は、「運転不自由船」「操縦性能制御船」「漁ろうに従事している船舶」「帆船」の進路を避けなければならないとされておりますが、「運転不自由船」などの船舶にカヌーやSUPが含まれるかは明らかではなく、優先関係が明確になっていないようです。

また、カヌーやSUPなどの船舶には「常時適切に見張りをすること」が義務付けられています。衝突を避ける際には、「できる限り、十分に余裕のある時期に、船舶の運用上の適切な慣行に従ってためらわずにその動作をとらなければならない」とされています。そのため、エンジン付き船舶と行き交うときでも、向こうが避けてくれると思っていてはいけません。

港内においては、カヌーなどの「汽船等」は、汽船等以外の船舶の進路を回避しなければならない義務があります。

なおエンジン付き船舶を操縦するには、免許が必要です。水上オートバイなどの運転に必要な小型船舶操縦免許でも、順守事項として「見張りの実施」が盛り込まれています。違反すると点数が加算され、累積すると行政処分が下ります。

【ローカルルール】

自治体が制定している条例でも、小型船舶の「危険操縦の禁止」などが盛り込まれています。小型船舶を操縦する際は、他の船舶との間に安全な距離を保たずに進路を横切ることなどは禁止事項となっています。東京都水上安全条例などが該当します。

【守りたいマナー】

動力船が避けてくれるのを期待したいところですが、事故を避けるためには自分自身が十分に注意することも欠かせません。カヌーやSUPで海を行き来するときも、常にほかの船舶、近くにいる遊泳者などに目を配るようにしたいものです。

基本的には、動力船側に回避義務があるが、事故を避けるためには自分自身の注意も必要だ

海で水上オートバイ・モーターボートなどをするときに気をつけたい法律など

　海上を疾走する水上オートバイ、モーターボートなどは、日本各地の海で楽しめるマリンレジャー。アクティビティとしてマリン事業者が行うツアーなどに参加する場合は問題ないが、自ら操縦するには免許の取得が必要だ。モーターボートなどは一級小型船舶操縦免許証または二級小型船舶操縦免許証を、水上オートバイなどは特殊小型船舶操縦免許証を所持していないと、操縦することはできない。

　免許の取得は、日本各地に登録小型船舶研修所があるので、ここで教習を受けてから試験を受けるのが一般的だ。なお船舶職員及び小型船舶操縦者法によって、無免許での操縦には30万円の罰金が科され、操縦をさせた水上オートバイの所有者は6か月以下の懲役もしくは100万円以下の罰金が科せられるなど、意外と厳しい罰則があるので気をつけたい。

水上オートバイ・モーターボートなどの交通ルールに関する法律

　日本では3つの船舶の交通ルールが定められている。「海上衝突予防法」「海上交通安全法」「港則法」がそれにあたる（P.98参照）。また地方自治体によって、マリンレジャーについての条例を定めているところもある。各地のルールを事前のウェブサイトなどで調べて、安全に楽しむようにしよう。

免許所持者が同乗していても、無免許での操縦は禁じられているので注意したい

Q1. 水上オートバイを楽しんでいたら、海水浴客から「スピード出しすぎ!」「怖いから近くでやらないで!」と言われてしまいました。法律的に問題はありますか?

A. 水上オートバイには法的な速度制限はありません。ただし「船舶職員及び小型船舶操縦者法」で定められた危険回避の義務があります。

【法律に違反する場合】

　小型船舶操縦者は、衝突などの危険を生じさせる速力で小型船舶を遊泳者に接近させる操縦をしてはならないと、「船舶職員及び小型船舶操縦者法」に明記されています。違反した場合、違反点数が加算され、一定水準に達すると戒告又は6か月以内の業務停止などの行政処分を受けることになるので注意しましょう。

【ローカルルール】

　自治体が制定している条例でも、さまざまな取り決めがあります。マリンアクティビティが盛んで、夏には多くの海水浴客も訪れる神奈川県逗子市では、逗子海水浴場開設期間中、水上オートバイ等動力付遊具による進入禁止エリア、規制エリアを拡大して規制しています（逗子海・浜のルールブック）。また兵庫県の水難事故等の防止に関する条例では、みだりに遊泳者などの付近で水上オートバイを疾走させ、急転回させたりすることで、危険を覚えさせるような行為をしてはならないとルールが定められています。

【守りたいマナー】

「水上オートバイが接近して、危険を感じた」という警察などへの通報は、日本各地で多く寄せられているそうです。実際に事故に発展する例は少ないものの、水上オートバイを操縦する際は常に周囲に目を配り、安全運転を心がけましょう。

規制などが行われていない場所でも、むやみに遊泳者に近寄るなどはしないようにしよう

海岸でキャンプ・焚き火・バーベキューなどをするときに気をつけたい法律など

　海岸は誰でも自由に利用できるが、海岸の管理者がキャンプや焚き火、バーベキューなどを禁止している場合は行うことができない。また自然公園の特別保護地区では、自然公園法（→P.10）によって規制されている。キャンプなどを計画する段階で、そのエリアが規制区域に該当しないか調べておこう。

　また、最近は条例によってキャンプや焚き火、バーベキューを禁止する自治体が増えてきた。これは、マナーを守らない利用者が増えたことが原因だ。火の始末をしない、ゴミを持ち帰らない、大声で騒ぐなどの迷惑行為をする人が増えたことで、近隣住民から行政に苦情が入り条例が制定されるまでになってしまった。現在は、罰則規定を設けている自治体は少ないが、佐賀県の唐津市のように5万円以下の罰金又は科料を科すとしているところもある。これ以上、条例による規制が厳しくならないようにするためにも、海岸でのキャンプなどはマナー遵守を徹底することが大切だ。

　焚き火が禁止されていない海岸でも、砂が汚れるのでマナーとして焚き火台を使うようにしたい。また、延焼の可能性がありそうな場所では、焚き火をするのはやめておこう。

焚き火OKの場所でも、焚き火台を使い、ゴミは持ち帰るなどのマナーを守ることが重要だ

Q1. 海岸ではどこでテントを張ってもいいんだよね？

A. 一部のエリアではキャンプ禁止の海岸があります。

【法律に違反する場合】

海岸は公共空間なので、誰でも自由に海で水泳や魚釣りなどをすることができます。しかし、海岸の管理者がキャンプを禁止している場合、その場所でキャンプをしてはいけません。立ち入り禁止の看板のある海岸にテントを張ってキャンプをすると、軽犯罪法（不法侵入）で処罰される可能性があります。また、海岸が自然公園の特別保護地区や特別地域内にある場合は、許可なくテントを張ることは認められていません。

静岡県の伊豆半島の海岸の一部では６月から９月まではキャンプ禁止区域が設けられています。このように地方自治体によっては条例によって海岸でテントを張ることを規制していることもありますので、事前にウェブサイトなどで確認しましょう。

【知っておきたい知識】

海岸は風をさえぎる物が少ないので、強風が吹くことがあります。万が一、テントが強風で飛ばされてしまうと、周囲にいる人や車などを傷つけてしまう危険もあるので、きちんとペグを打つようにしましょう。とくに砂浜は通常のペグが効かないこともあるので、砂地用のペグを使うほうが安全です。ほかにも土嚢袋に砂を詰めて固定するという方法もあります。

問題ない場所が多いが、自然公園内や一部自治体ではNGの場合も。事前に確認しよう

条例でキャンプを規制している地方自治体の例

都道府県	市町村	条例名
東京都	利島村	利島村キャンプ禁止条例
	三宅村	キャンプの規制に関する条例
	神津島村	神津島村キャンプ等禁止区域に関する条例
	新島村	新島村キャンプ規制に関する条例
	小笠原村	小笠原村キャンプ禁止地域に関する条例
静岡県		特定の区域におけるキャンプの禁止に関する条例
兵庫県	香美町	香美町キャンプ禁止区域に関する条例
鳥取県	岩美町	岩美町キャンプ及びバーベキュー等禁止区域に関する条例

Q2. 海岸ではどこで焚き火やバーベキューをしてもいいんだよね?

A. 海岸管理者や条例による禁止がなければ可能です。

【条例に違反する場合】

　海岸管理者が禁止しなければ焚き火やバーベキューをすることができます。しかし、最近は、ゴミの放置や騒音問題が多発していることから、海岸でのバーベキューを禁止する自治体が増えてきました。たとえば、2014年に神奈川県鎌倉市が制定した「鎌倉市海水浴場のマナーの向上に関する条例」のように条例で禁止しているところもあります。このような場所では、入り口などに「バーベキュー禁止」や「焚き火禁止」といった看板が立てられていること

が多いので、もし見つけたら従うことが大切です。

【守るべきマナー】

　砂浜では直火で焚き火をすると、砂や石が黒く焦げてしまい景観を損ねてしまいます。必ず焚き火台を使いましょう。また、焚き火を片付けるときに、砂の中に炭を入れて火を消す人を見かけることがありますが、これはNG。燃えている炭に乾いた砂をかけても、砂の中で火がくすぶり続けてしまいます。さらにそれを知らずに踏んでしまうと、大火傷を負う危険もあります。必ず水をかけるなど消火をしてから持ち帰るのがマナーです。

　海岸は気象条件によっては強風が吹くことがあります。強い風の中での焚き火やバーベキューは、火の粉が遠くまで飛んでしまい、思わぬ火傷や火事になってしまうことも。風が強いときは、焚き火やバーベキューをしない。もし、風が強くなってきたら早めに消火しましょう。

焚き火やバーベキューの後始末はもちろんのこと、騒いで騒音問題につながらないように気を使いたい

Q3. 海岸や砂浜に、車やバイクで乗り入れてもいいんですよね？

A. 「海岸法」により、海岸管理者が車輌の乗り入れを禁止していることがあります。

【法律に違反する場合】

　海岸法とは、もともとは津波、高潮、波浪等から海岸を守るために制定された法律ですが、1999年に「海岸環境の整備と保全」「公衆の海岸の適正な利用」が追加され、私的な海岸の利用にはかなり制限が加えられるようになりました。海岸管理者が指定した区間については、車やバイクの乗り入れは法律違反になります。

【ローカルルール】

　自治体の条例でも、海岸への車両乗り入れの規制は明記されています。「千葉県自然公園条例」では、九十九里浜への自動車、バイク、サンドバギー車（許可車両を除く）などの乗り入れが規制されています。規制区域に乗り入れると、6か月以下の懲役または50万円以下の罰金というかなり厳しめの罰則が定められています。神奈川県大磯町でも「海岸自動車等乗入れ禁止条例」により、海岸の動植物の保護と良好な利用環境の確保のため、バイクを含む自動車の乗り入れが制限されてい

ます。ただし乗り入れ可能区域もあるので、訪れる際には県のウェブサイトで乗り入れを制限されている場所を確認しておくとよいでしょう。

【守りたいルール】

　数は多くはないものの、車の乗り入れを許可している海岸もあります。車やバイクで砂浜を疾走してみたいという方は、こういった場所を検索してみましょう。

「千里浜なぎさドライブウェイ」のように車で波打ち際まで入ってよい場所はあまりないと考えよう

Q4. 海では、どこで泳いでもいいんだよね?

A. 遊泳禁止区域を除いて、泳ぐことができます。

【法律に違反する場合】

遊泳禁止区域は、海の管理権、海水浴場の管理権、条例などによって定められていますが、これらを無視して泳ぐと違法となります。たとえば、「北海道漁港管理条例」では道が管理する漁港内の指定区域での遊泳（潜水を含む）を禁止しており、違反すると5万円以下の罰金を科されます。

【ローカルルール】

水難事故を防ぐために、各自治体では海水浴場の開設について届出を義務付けています。また自治体の条例では「海水浴場付近においては、遊泳場外で遊泳しないこと」「気象、海象その他の状況から遊泳することが危険であると認められる場合は、遊泳しないこと」といったルールを定めています（京都府遊泳者及びプレジャーボートの事故の防止等に関する条例）。こういった条例は、多くの自治体で制定されています。

【守りたいマナー】

遊泳が可能な場所だとしても、台風接近などで海が荒れているときは泳がない、離岸流（岸から沖へと向かう流れ）に気をつける、複雑な水流を作り出す消波ブロックやヘッドランド（砂などの流出防止のための人工の岬）の周囲では泳がないなど、水難事故に巻き込まれないように十分に注意しましょう。また、海水浴場ではない場所で泳ぐ場合、プレジャーボートなど、他のアクティビティを行っている人たちへの注意も怠ってはいけません。

自分の身を守るためにも、しっかりと遊泳区域が設定されていたり、ライフセーバーや監視員がいるような管理された海水浴場で泳ぎを楽しむようにしたいものです。

水難事故が発生すると「遊泳禁止」となるケースも。これからも海水浴を楽しめるように自身の安全に気を使おう

第5章

都市近郊・公園で行うアクティビティにかかわる法律や条例

都市近郊・公園で行うアクティビティにかかわる
法律や条例概論

都市近郊・公園でのキャンプ・焚き火・バーベキュー

都市近郊・里山での山菜採り・キノコ採り

都市近郊・公園で行なうアクティビティにかかわる法律や条例概論

　日本にある公園は、設定の根拠となる法律で大きく分けると「自然公園」、「都市公園」の2種類。このうち「自然公園」は、国立公園のようにエリアを指定し、自然環境の保全と利用を目的した公園のことだ。「都市公園」は私たちが一般的に利用している公園のことで、全国で11万ヶ所ほど設置されている。このほか、特殊な経緯で設けられた「国民公園」や、自治体が条例に基づいて設定する森林公園や里山公園などがある。ここでは、それぞれの公園を利用するときに気をつけたい主な法律について解説する。

自然公園法

［ダメなこと］指定地域内でのテント泊、動植物の採集、焚き火、自転車などの乗り入れ、ペットの放し飼いなど

　国立公園や国定公園、都道府県立自然公園が対象。各公園内を「特別保護地区」と「特別地域」、「普通地域」に区分しており、前2者は環境保護のために厳しい規制が敷かれている（詳しくはP.10参照）。
☑自然環境が豊かなエリアが指定されているため、自然公園は都市近郊にそれほど存在しない。

環境省設置法

［ダメなこと］植物の採取や損傷、鳥獣魚類の捕獲や殺傷、ゴミや汚物を捨てたり放置すること、焚き火など

　国民公園の維持管理を環境省が行うことを定めた法律で、具体的な禁止事項については昭和34年厚生省令に基づいている。
☑上記以外でも国民公園、墓苑又は慰霊碑苑地内の行為として適当でないと判断された行為は禁止されている。

都市公園法

［ダメなこと］国営公園自体の損傷や汚損、竹木の伐採や植物採取、土石や竹木等の物件を堆積することなど

　この法律では、都市公園のうち国営公園（東京都の昭和記念公園など全国

17か所にある）については禁止事項が規定されているが、都道府県や市町村が管理する都市公園は、それぞれの自治体の条例によって、禁止事項が定められている。

☑上記以外でも国営公園の利用に著しい支障を及ぼすおそれのある行為で、政令で定めるものが禁止されている。

各自治体の条例

[制限されること] 動植物の採集、指定地域内への立入、焚き火、バーベキュー、テントやタープ、ハンモックなどの使用、ペットの放し飼いなど

　公園での禁止事項は、各自治体の条例や公園の管理規則によって定められている。法令違反や管理者が禁止している行為以外であれば自由にできるが、マナーとして行わない方がいいこともある。

☑自治体の条例等で、公園での禁止事項（ローカルルール）が細かく決まっていることもあるので、必ず守ること。自分のやりたいアクティビティについては、許可されているかを事前にウェブサイトで確認してみよう。ウェブに情報が掲載されていない公園については、管理者に電話で問い合わせてみるとよい。

☑条例は、規制内容が毎年のように変わっている。アクティビティをする前には各自治体のウェブサイトで最新の情報をチェックすること。

軽犯罪法

[ダメなこと] 火事のおそれがある場所で焚き火をする、人に危害を加えるおそれのあるペットを放す、公園等でたんやつばを吐いたり、排泄をする、無許可で立入禁止された場所に入る、理由なく刃物を携帯するなど

　軽犯罪法とは、その名のとおり比較的軽微な違法行為を取り締まるために定められた法律のこと。目的は、刑法で処罰するほど重大な犯罪ではないが、道徳に反する行為を処罰することで重大な犯罪を防止することにある。（詳しくはP.17参照）この法律では条文で33の処罰対象行為があげられており、そのうち都市近郊や公園に関連しそうなものは上記の5つとなっている。

☑キャンプ用刃物を日常生活で携行していると、違反となることがある。

☑「立入禁止」を明示した場所に無断で立ち入ると、違反となることがある。

☑6cm以上の刃物を携行していた場合は銃刀法、犬の放し飼いは動物愛護法など、行為によっては別の法令でも規制対象となっている。

都市近郊・公園でキャンプ・焚き火・バーベキューをするときに気をつけたい法律など

　都会の公園での焚き火やバーベキューに関する法律には、①都市公園法、②消防法、③軽犯罪法、④廃棄物処理法、⑤条例などがある。

①都市公園法では、国や地方自治体が設置している公園について、公園管理者が指定した場所以外の場所で焚き火をすることを禁じている。この法律ではバーベキューについては触れられていないが、後述の条例によって禁止としているところも多い。

②の消防法は、火災予防などについて記されている法律で、消防署などから火災の危険があると判断されて焚き火やバーベキューの禁止を命じられた場合は、その命令に従う必要があることを定めたもの。もし命令に従わないと、30万円以下の罰金又は拘留に処せられる。

③軽犯罪法では、建物や森林など近くに燃える物があるにもかかわらず、焚き火をすると罰せられるという規定がある。この法律自体の罰則は、1日以上30日未満の拘留若しくは1000円以上1万円未満の罰金だが、火事になって建物が燃えてしまうと失火罪で50万円以下の罰金が科される場合がある。

④の廃棄物処理法は、ゴミを燃やすことを禁じたものだ。ただし、焚き火のように「日常生活を営む上で通常行われる廃棄物の焼却であって軽微なもの」については例外として認められている。

⑤の条例では、自治体によって指定したエリアでの焚き火やバーベキューを禁止としているところがある。

法律や条例による規制ではなく、ローカルルールとして禁止しているケースも多い

　このように都市近郊での焚き火やバーベキューを規制する法律はたくさんあるため、基本的には許可されている場所以外では、行わないようにするのが賢明だ。

Q1. 近所の公園や空き地などで焚き火をしてもいいの?

A. 許可されている場所以外ではダメなことがほとんどです。

【法律や条例に違反する場合】

　国や地方自治体が設置した公園については都市公園法で、「公衆の都市公園の利用に著しい支障を及ぼすおそれのある行為」を禁止しており、その施行令で「公園管理者が指定した場所以外の場所で焚き火をすること」を禁じています。この法律に違反すると10万円以下の過料に処せられる可能性があります。また、東京都渋谷区のように条例によって公園での焚き火を禁止しているところも多く、「焚き火ができます」という看板等がない限りは、基本的に公園での焚き火はできないと考えたほうがよいでしょう。

　空き地での焚き火については、土地所有者、管理者の許可や黙認がなければできません。また、焚き火のために他人の土地に立ち入ることは、許可や黙認がなければ、不法侵入として民事責任が問われます。立ち入り禁止の表示があれば、軽犯罪法違反になる場合があります。また、消防吏員から注意された場合は、焚き火を止めるか適切な消火対策をしなければならないと消防法で定められていますので、従いましょう。

【守るべきマナー】

　法律的にOKの場所で焚き火をすることができても、煙や臭いがあると近所迷惑になります。それが、結果として消防署への通報につながってしまうことも考えられます。もし、近所の空き地等で焚き火をする場合は、火事にならない程度の小規模で、風向き等を考えて煙や臭いを撒き散らさないような配慮が必要です。

　焚き火を終えるときは、燃えている薪に直接水をかけるのは止めましょう。激しく煙が出たり、灰が飛び散ったりして危険です。市販の火消し壺や密閉できる缶に燃え残りの薪を入れて蓋をし、空気を遮断して消火するのがベストです。

都市公園はほとんどの場合で焚き火禁止だが、BBQ場やキャンプ場がある公園などは焚き火ができる場合もある

都市近郊・里山での山菜採り・キノコ採りなどするときに気をつけたい法律など

　季節感を感じることができ、健康にもいいことから山菜・キノコ採りをする人が増えているが、採集する場所に気をつけないと法律に違反する可能性がある。

　国立・国定公園の特別保護地区内は、キノコや山菜を含む一切の動植物の採取が禁止されている。もし違反すると、懲役6か月又は50万円以下の罰金に処せられることがある。特別保護地区のエリアは各自然公園の区域図で確認できるので、事前にチェックしておこう。また、日本の山はどんな場所でも所有者がいるが、その許可を得ずに山に自生しているものを採ることは禁じられている。勝手に採取すると、森林窃盗罪や窃盗罪で処罰される可能性がある。なお、一般的には立入禁止や採取禁止の看板などがなければ、キノコや山菜の採取は黙認されていることがある。しかし、私有地の山では松茸や栗といった高価な山菜などの採取は黙認されていないことが多い。事前に自治体の森林所管部局や森林管理事務所、森林組合などに確認をしてみるとよいだろう。

　富士山の山梨県側のように入会権（地域の住民が特定の森林などの山菜やキノコなどを共同利用する権利）が設定されている地域では入山料を徴収しているところもある。このような場所では、料金を支払うことで気持ちよく山菜・キノコ採りができる。

　また、採ってきた山菜やキノコを友人などにおすそ分けするときには、毒性がないかを十分に確認しよう。もし毒があった場合は、過失傷害罪（30万円以下の罰金又は科料）や過失致死罪（50万円以下の罰金）に問われるほか、民事上の賠償責任を負う可能性もある。

明確に禁止されている場所での採集は間違ってもしないように

Q1. 近所の公園や雑木林などで食べられる山菜、キノコを採ってもいいんですよね?

A. 原則的に所有者の許可が必要です。

【法律に違反する場合】

　家の近所を散策中に山菜やキノコを見つけたら、つい持ち帰りたくなりますよね。しかし、勝手に採取すると、森林の場合は森林窃盗罪(3年以下の懲役又は3万円以下の罰金)、近所の公園の場合は窃盗罪(10年以下の懲役又は50万円以下の罰金)に問われる可能性があります。

　ただし、いずれの場合も採取が黙認されている場合は処罰されません。この点は私有地であっても公有地であっても同じですが、事前に森林管理署や森林組合、公園を管理する自治体などに確認するとよいでしょう。なお、公園の場合はそもそも植物の採取を禁止している場合も多いので、事前に確認をしておきましょう。たいていの都市公園には、入り口に禁止事項が書かれた看板が立っていますので、まずはそれをチェックするとよいでしょう。

【守るべきマナー】

　国有地でも私有地でも、山菜やキノコの採取が黙認されている場合は違法ではありません。しかし、採取する量が個人で消費する範囲を超え

れば、黙認されないことがあります。販売目的などで大量に採取すると、黙認の限度を超えるとして、窃盗罪や森林窃盗罪で被害届が警察に提出される可能性があります。その場合は、立入禁止となり以後の採取が黙認されなくなることもあるでしょう。山菜やキノコは必要以上に採取しないことが重要です。

　また、日本には4000〜5000種類ものキノコが存在していますが、このうち食用に適するものは約100種類。それに対して有毒なものは200種類以上あると言われています。それ以外は、毒性の有無も判明していません。食べられるかどうかの判断がつかない山菜やキノコは採らない。料理をする前に図鑑やネットなどで確認をすることも大切です。

ヨモギのように都市近郊でも採集できる山菜・野草は意外と多い。採集禁止としていない場所でも、採りすぎることのないようにしよう

法律に違反している人を見つけたらどうすればいいの?

アウトドアで犯罪と思われる行為を見つけた場合、どんな行動をとるのがよいでしょうか。犯罪行為を止めさせるためには、声をかけるのが一番ですが、相手によっては逆恨みされる恐れもあります。とくに水産物の密漁や廃棄物の不法投棄は、反社会的勢力が関与していることも多く、直接対峙することは危険です。だからといって犯罪を見逃すのも心苦しいですよね。

そんなときは、まず警察や海上保安庁に通報・相談してみましょう。一番早いのは、電話で110番(警察)や118番(海上保安庁)に通報することです。その際は、いつ、どこで、犯人と思われる人が、どんなことをしたのかを慌てず正確に伝えることが重要です。もし可能なら証拠となる画像や動画を撮影しておく

と、状況を伝えやすいでしょう。ただし、相手に気がつかれる可能性もあるので、決して無理をしないことが肝心です。また、緊急の対応が必要ではないケースなら警察相談専用電話として＃9110番に電話してみましょう。こちらは110番とは違って、24時間対応ではないので(一部の県警を除く)、日中に連絡をする必要があります。

もし、目撃した行為が犯罪かどうかわからない場合は、フィールドを管理している組織に相談してみましょう。水産物の密漁なら現地の漁協へ、国立公園内での環境破壊なら環境省の自然保護官事務所などがよいでしょう。管理者がわからない場合は、自治体の総務課に電話を入れると、担当部署につないでくれることもあります。

疑わしい行為を見かけたら、まずは相談してみよう

第6章

アクティビティ中の事故にかかわる法律

アクティビティ中の事故に関する法律の総合解説
アクティビティ中の事故に関するQ&A

アクティビティ中の事故に関する法律の総合解説

　アウトドアアクティビティは自然の中で行うため、一般的なスポーツよりも事故の危険性が高い。登山の場合だと、年間に約300名の死者・行方不明者が発生している。もし野外でのアクティビティ中に事故が起きると、法的にはどんな責任に問われるのだろうか。

【民事責任と刑事責任】

　事故を起こしたことで発生する責任には、国が犯罪を犯した者に懲役や罰金などを課す刑事責任と、被害者に対する損害賠償金の支払いを命じる民事責任がある。

　アウトドアでの事故で問われる刑事責任としては、業務上過失致死傷罪が問題となることが多い。これは、「業務上必要な注意を怠ったために人を負傷させた場合」に成立する罪で、5年以下の懲役・禁錮又は100万円以下の罰金に処せられる。ここでいう"業務"とは、山岳ガイド業やツアー登山などの営利事業だけでなくボランティア団体の活動など非営利なものも含まれることに注意したい。2006年に起きた白馬岳で4人が死亡した事故では、引率したガイドが同罪によって有罪判決が下された。刑事責任が問われるようなケースでは、同時に民事責任も生じることが多く、前述の白馬岳のケースでも民事事件としての過失も認定され、遺族に損害賠償を支払うことで和解が成立した。

高山帯は、遭難や落石などさまざまな事故が起きやすい

【法的責任が問われる場合】

　ガイド登山やツアー登山は参加費用を支払うことで、引率者に安全を確保してもらっている。そのため、事故が起きた場合は法的責任が生じることは、想像がつきやすい。それに対し、仲間同士やサークルで登山をする場合は、リーダーなどの引率者であっても通常は法的な責任は発生しない。登山者は、危険が伴うことを承知した上で山に登っており、自分の安全は自分で守ることが原則だからだ。仲間同士やサークルでの登山でも注意義務が生まれ、違反すると刑事・民事責任を負うようなことになると、アウトドアアクティビティ自体が成立しなくなってしまう。

　ただし、クライミングや雪山登山、沢登りなどテクニカルなアクティビティに初心者を連れて行く場合は、仲間同士の登山でも、引率者に重大なミスがあれば法的責任が発生するケースがある。また、子どもが参加する釣り、川遊び、ハイキングなどの引率を引き受けた場合も、法的責任を負う場合がある。

【免責同意書について】

　ツアー登山などで参加者に「事故が起きた場合、当社は一切の責任を負いません」と記された免責同意書に署名を求められることがある。しかしこれは、消費者保護を目的に作られた消費者契約法によって無効となる。ツアー業者、山岳団体、ボランティア団体など、事業者の過失で事故が起きた場合、責任の一部を免除する条項は有効だが、すべてを免除することは認められていない。

最近はSNSなどを使って気軽に見知らぬ人同士で集まることができる。だが、初対面では相手の実力がわかりづらく事故に繋がりやすいことに気をつけたい

Q1. 落石を起こして後続の登山者がケガした場合、責任は問われますか?

A. 損害賠償責任は生じないことが多いでしょう。

　北アルプスなど岩稜帯の登山道では、落石を起こさないようにすることが困難な場所があります。そのような山域を歩く登山者は、落石があることを承知の上で登山をしているといえるでしょう。もし、誰かが落石を起こして後続の登山者がケガをしても、自己責任とみなされ法的責任が生じる可能性は低いです。

【法律に違反する場合】

　その一方で、もし、落石が頻繁に起きるような危険な登山道で、おしゃべりに夢中で石を蹴飛ばして落石を起こした場合は、注意義務違反に問われて損害賠償責任や刑事責任(過失致死傷罪)が生じる可能性があります。

　では、落石の危険性がほとんどないような登山道で、たまたま落石を起こしてしまった場合は、どうなるのでしょうか?　もし、細心の注意を払って歩いていたにもかかわらず、足元の石が突然崩れて落石を起こしたなら、責任が生じることはないと考えられます。登山道はどんな場所であれ、一般に道路とは違って上から落石が降ってくるリスクはゼロではないからです。ただし、通常の登山から逸脱するような行動(登山道を外れて歩くなど)によって落石事故が起きた場合は、法的責任が生じる可能性があります。いずれにせよ、落石事故は被害者も加害者も大きなダメージがありますので、十分に注意しましょう。

落石を起こさないように注意することも重要だが、万が一に備えてヘルメットを着用しておくなどの対策も重要だ

Q2. 仲間と山登りをして、リーダー的な人の判断ミスで、私の家族が亡くなりました。リーダーの責任を問えますか?

A. リーダーには責任を問えない可能性が高いです。

　仲間同士でパーティを組んで登山をする際、通常、リーダーにはメンバーの安全を確保する法的義務は生じません。これは、登山のパーティメンバーはお互いに対等な関係で、自己責任で登山を行っていると考えられるからです。通常は、リーダーというとメンバーを指揮する権限があると思われがちですが、企業の経営者や学校の教師と違って指導や監督するものではありません。登山パーティのリーダーは、メンバーの信頼に基づいて行動判断や指示を行っているだけで法的な指示、命令をする権限はないと考えられます。もし、

リーダーが判断ミスをしてメンバーが亡くなっても、法的な責任を問うことは難しいでしょう。山では、自分の身は自分で守ることが鉄則です。

【法律に違反する場合】

　ただし、技術的に難しく危険を伴うような登山(冬山、岩登り、沢登りなど)に初心者を連れて行く場合に、リーダーにガイド的な地位が生じる事情があれば、安全確保義務が生じます。たとえば、岩登りが初めてのビギナー登山者に岩登りを教える場合に、確保に失敗して事故が起きれば、指導者に責任が生じます。

パーティで登山をしていると、ついついリーダーに連れて行ってもらうという考えになりやすいが、自分の身は自分で守る必要がある

Q3. 山で焚き火をしたら山火事になってしまいました。損害賠償とかに問われますか?

A. 重大な過失があった場合は、損害賠償責任が発生します。

【法律に違反する場合】

　林野庁によると山火事の原因で、最も多いのが焚き火（31.4％）、次いで火入れ（17.8％）、放火（8.1％）となっています（2016年から2020年のデータ）。もし、山で焚き火をしていて山火事になってしまった場合、森林法違反によって50万円以下の罰金に処せられることになります。

　さらに、火災注意報が発令されていて、強風が吹いている中で焚き火をして山火事を起こしてしまった場合などは、重大な過失があったとされ損害賠償を請求される可能性が高くなります。

【守るべきマナー】

　山で焚き火をする際は、必ず事前に焚き火ができる場所なのかを確認すること。そして、焚き火が終わったらしっかりと水をかけて消火し、時間を置いて火が完全に消えたことを確認することが大切です。

　また、万が一のときに備えるなら「個人賠償責任保険」の加入がおすすめです。自分がもともと入っている火災保険や自動車保険の特約として加入するなら、手続きも簡単です。しかも、登山中に不注意で落石を起こして他人にケガをさせてしまったときなども保険がカバーしてくれます。

近年は減ったがタバコが原因で山火事になることもある。山で一服したあとの吸い殻はしっかりと処理しよう

Q4. アウトドア趣味のサークルを運営しているんだけど、もし事故がおきてメンバーがケガをしたら、代表者は責任を問われる?

A. 通常は法的責任を問われることはありません。

　アウトドアを楽しむために会員が集まったサークルでは、代表者やリーダーにはメンバーに対しての安全確保義務がありません。そのため、もし活動中にメンバーが事故でケガをしても、損害賠償義務は生じないのです。

　それほど危険ではないハイキングやキャンプなどのアウトドアサークルでは、代表者やリーダーなどの引率者がアクティビティの内容を決めて、交通機関や現地での宿泊を手配することもあります。そうすると、メンバーは連れて行ってもらうという意識が強くなり、引率者におんぶにだっこの状態になってしまうこともあるでしょう。それでもサークル内の会員だけで活動しているなら法的にはあくまでも平等です。

【法律に違反する場合】

　しかし、サークルをPRするためなどにメンバー以外の参加者を募集すると、事情が違ってきます。代表者やリーダーには事故を防止するための安全確保義務が生じる場合があります。もし、会員以外の一般参加者も加わったアクティビティを行いたい場合は、主催者は参加者の安全管理をできる範囲で募集をする必要があります。

サークル活動中は、代表者もリーダーもメンバーも法的には平等だ

Q5. ボランティアで子どもの野外学習に参加して、もし子どもがケガをしたら責任を問われるの?

A. 安全確保義務に違反すると責任が生じます。

【法律に違反する場合】

　ボランティアは善意で行っているものなので、法的責任は生じないと思う人がいるかもしれませんが、それは間違いです。子どもを対象とする野外学習やハイキングなどは、引率者に安全確保義務が発生します。

　1976年には子ども会が主催したハイキングで、昼食後に川遊びをしていたところ、9歳の男児が川に入り溺死した事件がありました。子ども会のリーダーは事前に川遊びの範囲を説明していたのですが、ちょっと目を離した間に、男児たち数名は範囲外の場所に行き足を滑らせてしまったのです。この裁判では、リーダーだった中心人物が過失致死罪で刑事責任を問われ一審では有罪となりましたが、二審で無罪が確定しました。しかし、民事裁判では引率したボランティアら11名と行政に対して損害賠償が請求され、現場の下見などをした3人に対しては、監視体制を整えて、事故を防止する義務を怠ったとして損害賠償金を支払うように命じられました。

【知っておきたい知識】

　子どもを引率するようなボランティアを引き受けた場合は、常に危険に対して対策を講じておく必要があります。そのためには、技術や知識が必要なことも多いでしょう。もし、自分にそのようなスキルが無ければ、ボランティアを引き受けないということも選択肢のひとつです。また、万が一のことを考えて賠償責任保険に加入しておくことをおすすめします。

無償のボランティアだからと責任が発生しないというわけではない。自信がなければ断ることも必要だ

無料法律相談を利用してみよう!

自分の行動が法律違反になるのか不安になったときは、無料法律相談を活用するのがおすすめです。もし、弁護士に専門的なアドバイスを受けると30分で5000円程度の費用がかかりますが、無料法律相談ならゼロです。

まずは自分の住んでいる自治体で、そのような無料法律相談会が実施されていないか確認してみましょう。ただし、時間が30分程度と限られていて、相談できる弁護士を選ぶことができないというデメリットもあ

ります。また、経済的に余裕にない人を対象に法律相談を行っている法テラスという機関もあります。こちらは、収入制限があり単身者だと月の手取り額が20万円程度(家賃や住宅ローンがあると25万円程度)となっています。ほかにも一般の弁護士事務所でも無料相談を実施しているところもありますので「弁護士　無料相談　アウトドアアクティビティの名前」などで検索してみるとよいでしょう。

さくいん ※主な解説ページ

これからも自然を楽しんでいくために……

　本書を最後まで読んでいただき、どのような感想をもったでしょうか？　普段から法規制にはかなり気を使っている、という方でなければ、「何気なくやっている趣味に、こんなにたくさんの法令が関わっているのか」と感じた方が多いのではないかと思います。

　近年ではSUP・ドローンなどのこれまでになかった新しいアクティビティの登場、迷惑行為を始めとしたマナー問題や事故、環境破壊などによる生き物の減少など、さまざまな変化によって、法律の内容も目まぐるしく変わります。本書籍に載せていない新たな法律や規制が増えることもあるでしょう。

　最近では各法令を管轄している省庁や自治体がウェブサイトを通じて、新たな法律や規制などを告知することも増えてきました。こうした最新の情報を分かりやすく動画やブログなどにまとめる人も増えています。しっかりと最新の正しい情報を確認し、決められたルールを守ることは、野外での趣味を長く楽しむために重要なだけでなく、自分の身を守ることに繋がります。

　本書でローカルルールやマナーに触れているように「法令だけ守っていれば、あとは何をしてもいい」というわけではありません。法令で規制がないからと、他人への迷惑や自然環境への負荷を考えず、さまざまな場所で好き放題すると、新たな規制対象につながってしまうでしょう。そうなると、どこでも自由にできなくなり、厳しい規制を守らなくてはいけなくなるかもしれません。趣味によっては、規制によって自由度が下がるということは楽しみのうちの多くが失われてしまう場合もあるでしょう。

　これからも自分の趣味を長く楽しむために、法令を守るのはもちろんのこと、マナーを守り、自然を守っていく必要があります。

編集部

中島慶二 （なかじま・けいじ）

江戸川大学社会学部現代社会学科教授・国立公園研究所長。国立公園や自然遺産など自然保護と地域づくりの現場で環境省レンジャーとして長く実務に携わる。その経験をもとに、法律制定や予算新設など全国的な制度改正にも携わり、ワシントン条約やラムサール条約に基づく国際協力、全国の鳥獣被害対策など、自然環境行政の最前線で現実の課題と向き合っている。著書に『日本の国立公園』（自然公園財団）ほか
監修担当ページ：P.8-11、18-32、36-55、59、61-65、73-78、104-116

溝手康史 （みぞて・やすふみ）

弁護士。国立登山研修所専門調査委員、日本山岳サーチ・アンド・レスキュー研究機構理事など。国家賠償、消費者、労働、環境、刑事関係の事件を多く扱った。20代で登山を始め、ヒマラヤ、天山山脈、カナダなどを含め、国の内外で長年登山やクライミングを行った。その経験に基づいて、アウトドア活動の法律問題の研究、執筆、講演等を行っている。著書に「登山の法律学」（東京新聞出版局）、「登山者のための法律入門」（山と渓谷社）、「ボランティア活動の責任」（共栄書房）ほか
監修担当ページ:P.12-19、22-25、33-35、40、43、49-50、74-77、78、104-106、110-115、118-124

益子知樹 （ましこ・ともき）

元茨城県農林水産部次長兼漁政課長。茨城県庁では、一貫して水産業に関する業務に携わる。現在は、これまでの経験を生かし、水産関係のコンサルタントなどの業務を行っている。趣味はフライフィッシング。監修に『いきもの六法』（山と渓谷社）
監修担当ページ：P.52-65、72、77、80-93

ベリーベスト法律事務所

全国に63拠点を展開し、390名を超える弁護士、610名以上の事務所スタッフを擁する総合法律事務所。企業法務や個人法務、刑事弁護に至るまで、あらゆる分野を取り扱い、全国のクライアントに対して、専門性が高くコストパフォーマンスに優れた法律サービスを提供。あらゆる面でトップクラスの法律事務所となることを目指す。（数字は2022年12月末現在）
監修担当ページ：P.66-72、80-83、98-103

上野園美 （うえの・そのみ）

近年、日本で最も多いと言ってよいほど、ダイビング事故訴訟を担当している弁護士。"現場を見たい"との思いから自身もダイバーになり、より現実を知る立場から、ダイビングを知らない裁判官へ伝えるために問題提起を続けている。共著に『事例解説　介護事故における注意義務と責任』『事例解説　保育事故における注意義務と責任』『事例解説　リハビリ事故における注意義務と責任』（いずれも新日本法規）がある
監修担当ページ：P.94-97

イラスト＝角 愼作
ブックデザイン＝松澤政昭
ライター＝大関直樹、佐々木康陽、山崎陽子
編集＝平野健太（山と溪谷社）
写真＝ピクスタ、photolibrary、編集部

アウトドア六法 正しく自然を楽しみ、守るための法律

2023年3月30日　初版第1刷発行

監修	中島慶二・溝手康史・益子知樹・ベリーベスト法律事務所・上野園美
編	山と溪谷社
発行人	川崎深雪
発行所	株式会社 山と溪谷社

〒101-0051
東京都千代田区神田神保町1丁目105番地
https://www.yamakei.co.jp/

印刷・製本　株式会社シナノ

■乱丁・落丁、及び内容に関するお問合せ先
山と溪谷社自動応答サービス　☎03-6744-1900
受付時間／11:00-16:00（土日、祝日を除く）
メールもご利用ください。
【乱丁・落丁】service@yamakei.co.jp　【内容】info@yamakei.co.jp
■書店・取次様からのご注文先
山と溪谷社受注センター　☎048-458-3455／FAX.048-421-0513
■書店・取次様からのご注文以外のお問合せ先
eigyo@yamakei.co.jp

Printed in Japan
ISBN978-4-635-50049-4